Secretos
de la abuela

Secretos de la abuela

Trucos para el
HOGAR
cuidado de la
casa y sus enseres

JIMENA GÓMEZ VILLA

intermedio

Trucos para el hogar
Cuidado de la casa y sus enseres

Primera edición: Intermedio Editores, 2001
© 2008, Jimena Gómez Villa
© 2008, Intermedio Editores,
 una división de Círculo de Lectores S.A.

Dirección editorial: Alberto Ramírez Santos
Edición: Jimena Perry Posada, Mónica Roesel Maldonado
Diseño: Adriana Amaya Grimaldos
Diagramación: Patricia Montaña Domínguez
Fotografías: Jupiter Images, Archivo Intermedio Editores
Producción: Ricardo Zuluaga Cristancho

Licencia de Intermedio Editores para Círculo de Lectores S.A.
Calle 67 N° 7-35, piso 5
Bogotá, Colombia
gerencia@intermedioeditores.com.co

ISBN de la colección 978-958-709-678-1
ISBN de este volumen 978-958-709-679-8

Impreso y encuadernado por

Stilo impresores Ltda.

Impreso en Colombia
Printed in Colombia

Para Rosaura Riaño,
Mercedes Castiblanco,
María Rubiano y Liborio López,
quienes han cuidado mi casa y mi
corazón durante años.

Contenido

De la autora

En las civilizaciones más avanzadas, se respeta
y admira a las personas de edad, porque son
fuentes inagotables de sabiduría. Los antiguos
acudían a sus mayores en busca de apoyo y
consejo; aún hoy, los pueblos indígenas —cuyos
conocimientos y sabias maneras ignoramos casi
en su totalidad— son gobernados por aquellos
que han recorrido una larga vida, una historia
plena de experiencias, que los convierte en guías
y maestros de las generaciones que siguen.
Lastimosamente, muchos conocimientos y formas
de afrontar la vida que permanecieron en la
tradición oral, han desaparecido.

¿Quién no recuerda las hermosas paredes
blancas, las ollas relucientes, la madera brillante
y el delicioso aroma de la casa de la abuela?
En productos simples y que suelen encontrarse
en todas partes —como el vinagre, el limón y
el bicarbonato de soda— residen muchos de los
secretos de la abuela para cuidar la casa y darle
«sabor de hogar». Los demás se encuentran en su
sabiduría, en esa irrepetible forma suya de dar y
recibir amor.

*Este libro es producto de una seria
y larga investigación en libros de siglos
pasados, acompañada por conversaciones
con muchas abuelas, quienes con generosidad
han compartido su sabiduría y sus consejos
para tener una casa impecable valiéndose de
elementos de fácil consecución, naturales y
económicos, que no afectan al medio ambiente ni
al bolsillo y que cumplen —quizá mejor— las
mismas funciones que los cientos de productos
disponibles en el mercado. Este volumen de
Secretos de la abuela rescata innumerables
trucos para cuidar las cocinas, los baños, el
dormitorio, los muebles y los objetos de valor.
Fue para mí muy emocionante encontrar tantos
secretos, tanta sabiduría,
en las enseñanzas que ha
dejado a las abuelas el
maestro tiempo. Por último,
quiero decir que el cuidado
que demos a nuestra casa
y a sus habitantes refleja
el amor que les tenemos,
ese que nos prodigaron
las abuelas y que a veces
olvidamos cultivar.*

Secretos de la abuela

COCINAS
y baños

Trucos

para la cocina

ABRELATAS LIMPIOS

El abrelatas, por lo general, es un caldo de cultivo para los gérmenes. Por eso, la abuela tiene siempre a mano un cepillo de dientes de uso exclusivo para la cocina, con el que limpia enérgicamente el abrelatas después de usarlo. Al final, lo enjuaga bien.

ALACENAS IMPECABLES

La abuela siempre ha dicho que la cocina es uno de los lugares donde hay que ser más escrupuloso con el aseo, especialmente en las alacenas, que recogen mucha grasa. Por ello, además de la limpieza semanal, es importante hacer una muy profunda cada mes. Para ello —insiste la abuela, y es conveniente hacerle caso, pues ella tiene muchos años de experiencia en estos menesteres— se diluye un poco de detergente suave en agua y se le agregan unas gotas de amoniaco. Después de que las alacenas se han limpiado con este líquido, se aclaran con suficiente agua y se secan bien. ¡Da gusto ver lo impecables que quedan! Otro secreto: un trozo de carbón vegetal en la alacena elimina, como por arte de magia, los olores desagradables.

AZULEJOS SIN GRASA

Para limpiar los azulejos de la cocina, la abuela emplea una solución de alcohol y amoniaco, en partes iguales.

BANDEJAS DE MADERA COMO NUEVAS

La esencia de trementina, tan efectiva en la limpieza, tiene un aroma que le encanta a la abuela. Para limpiar las bandejas, ella les pasa un trapo suave impregnado en esta esencia. En caso de que las bandejas sean lacadas, la abuela sabe preparar una mezcla infalible: una cucharada de harina disuelta en cuatro cucharadas de esencia de trementina y cuatro de aceite de linaza. Con esta mezcla se frotan las bandejas suavememente y después se la retira con un trapo húmedo.

BANDEJAS DE PLÁSTICO LIMPIAS

Las bandejas plásticas quedan impecables si se las limpia con un poco de agua jabonosa a la que se han agregado unas gotas de amoniaco. Para que se vean aún más lindas la abuela recomienda, después de esa operación, ponerles una pequeña cantidad de cera líquida.

BANDEJAS DEL HORNO
(cómo limpiarlas)

La abuela conoce los múltiples usos de la sal, una de sus mejores aliadas en el aseo de la cocina. Para limpiar las bandejas del horno, pone un poco de sal en un papel y las frota mientras están calientes todavía. Después las cubre con una capa de aceite. ¡Da gusto lo limpias que quedan!

Otra forma de remover los restos que han quedado adheridos a las bandejas del horno es mojarlas con agua bien caliente y cubrirlas con un trapo empapado. Después de unas horas, los restos se desprenderán con una facilidad asombrosa.

BANDEJAS PARA CUBITOS DE HIELO
(cómo despegarlas)

Si algo despierta el mal genio de la abuela —y son pocas las cosas que lo logran— es que las bandejas para el hielo se queden pegadas en el congelador. Para evitarse molestias, ella descubrió un truquito: basta ponerles un poco de aceite por debajo; al sacarlas, se deslizarán con suavidad.

BAYETAS NUEVAS

Un truco realmente antiguo, que la abuela aprendió de su abuela, para hacer que las bayetas sean más fuertes y resistentes, es verter agua muy caliente sobre ellas antes de estrenarlas.

BOMBILLAS INCANDESCENTES
(cómo limpiarlas)

Estas bombillas nunca deben limpiarse con un material húmedo, porque podrían sufrir daños irreparables. La única forma de hacerlo es desempolvarlas con un trapo seco.

BOMBILLOS SIN GRASA

Los bombillos de la cocina acumulan mucha grasa, con lo que la iluminación disminuye y se crea un ambiente lúgubre que no va en consonancia con la alegría que la abuela desea para su hogar. Pero ella tiene una solución infalible: limpiarlos cuando estén fríos con un trapito impregnado en alcohol.

Antes de limpiar sus bombillos asegúrese de que se han enfriado lo suficiente.

BOTELLAS
(cómo desodorizarlas)

Un truco más viejo que la abuela de la abuela es hervir en agua hojas de nogal, verter el líquido en las botellas y dejar que actúe durante unas horas.

BOTELLAS
(cómo taparlas con corcho)

Cuando es necesario tapar una botella con un corcho y no se tiene a mano uno del tamaño adecuado, la solución a la que se acude más frecuentemente es adelgazar uno por los bordes. Casi nunca se consigue darle las dimensiones exactas y, por consiguiente, no ajusta. Hay una solución fácil: si se hace una hendidura en forma de cuña, de la parte media a la superior del corcho, este ajustará a la perfección.

CACEROLAS DE ALUMINIO
(cómo recuperar su brillo)

Con el tiempo, las cacerolas de aluminio adquieren un aspecto de vejez que da mala impresión cuando se sirven alimentos en ellas. Para recuperar su brillo original, la abuela las frota con un poco de alcohol o con un trapito impregnado en aceite. ¡Quedan como nuevas!

CACEROLAS ESMALTADAS
(cómo limpiarlas)

Si se le quemó algo en una cacerola esmaltada y esta se manchó, basta llenarla con agua, agregar un poco de sal y dejarla hervir a fuego lento. Después de un tiempo, notará que las manchas han desaparecido, o que pueden retirarse con facilidad con un trapo enjabonado.

CAFETERAS Y CAFÉ CON EXCELENTE AROMA

Para disfrutar siempre de un aromático y delicioso café, es muy importante disponer de una excelente cafetera, de marca reconocida. Si no se la va a utilizar con frecuencia, la abuela recomienda introducir en ella un terrón de azúcar; este absorberá la humedad, el moho y los malos olores. Si va a usarla después de cierto tiempo, lo mejor es preparar café y desecharlo; después, preparar el que se va a tomar. Es la única forma de asegurarse de que la cafetera haya quedado completamente limpia.

Otro truco de la abuela para un café delicioso es limpiar la cafetera de vez en cuando así: prepare una mezcla con ocho tazas de agua y tres cucharaditas de bicarbonato de soda, viértala en el depósito de agua de la cafetera y enciéndala, como si fuera a hacer café.

CAJONES
(cómo desodorizarlos)

Un cajón que despide olores desagradables habla muy mal de quien se encarga de la cocina. Para corregir esta situación, la abuela mezcla media taza de polvo de hornear con dos tazas de agua y vierte esa solución entre los cajones. Después, moja una toallita en agua tibia, los limpia a cabalidad y los seca con otra. Y, para finalizar, nada mejor que sacarles brillo frotándolos con un trapito de paño empapado en aceite de linaza.

CAJONES

(cómo evitar que se atasquen)

La abuela sabe que, con el tiempo, la madera de los cajones cede, de la misma forma en que —tristemente, dice ella— lo hace el cuerpo. En el caso de los cajones, dos buenos remedios son la cera y el jabón. Para que recuperen el movimiento, se untan las ranuras laterales con una pastilla de jabón o con una vela de cera natural. Y para el cuerpo, la abuela aconseja buena alimentación, mucho ejercicio y algo de resignación.

CAMPANAS EXTRACTORAS DE HUMO

(cómo limpiarlas)

Las campanas extractoras eran un dolor de cabeza para la abuela, hasta que se ingenió, en un momento de honda inspiración, la mejor forma de limpiarlas: una mezcla de líquido lavaplatos y detergente en polvo para lavadora hace desaparecer, como por encanto, esa grasa desagradable y rebelde que se acumula en ellas.

CANECAS
(cómo desodorizarlas)

Liberar la caneca de la basura de molestos olores es muy sencillo: basta poner en su interior una buena cantidad de cascaras de limón.

CERA, RESTOS DE
(cómo quitarlos)

Nada parece más difícil que quitar los restos de cera de los candeleros. La solución de la abuela es sencilla: sólo hay que meterlos varias horas en el congelador; al sacarlos, la cera se desprenderá como por arte de magia. Otra forma de removerla es sumergir los candeleros durante unos minutos en agua caliente. De esta forma la cera se derrite, como dice la abuela que deben hacerlo los malos recuerdos.

COCINA PERFUMADA

Para que la cocina huela delicioso, la abuela se ha ingeniado algo maravilloso: empapa unas bolitas de algodón con vainilla, las pone en varios sitios y rincones, y las cambia periódicamente.

Otra receta es poner a cocinar en la olla a presión, con un poco de agua, canela, clavo, corteza de limón, guayabas y papayuelas, y dejar que el vapor se expanda por toda la casa. Eso la perfuma deliciosamente y elimina los olores de la cocina, que pueden ser muy desagradables.

A veces, la abuela pone a hervir agua de colonia en una olla pequeña y el delicioso aroma se esparce por toda la casa. Pero como es un truco caro, sólo lo emplea en las ocasiones en que quiere derrochar su amor a manos llenas.

Cuando en la casa hay esa extraña especie de personas llamadas fumadores y tienen sus cigarrillos prendidos, el desagradable olor se mitiga con una vela prendida o poniendo en el lugar donde están los invitados una taza de café caliente bien fuerte. Otro secreto de la

abuela es poner unas cuantas hojas de romero en el fondo de los ceniceros. Es una forma natural y romántica de eliminar el olor a cigarrillo y dar a la casa un delicioso aroma a campo.

COCINAR

(precaución al)

Prevenir es curar, advierte la abuela. Por eso recomienda, al preparar algo en las hornillas de la estufa, girar siempre los mangos de las sartenes y las asas de los recipientes hacia el interior, para evitar tropiezos que pueden generar lamentables accidentes.

CORCHO

(cómo impermeabilizarlo)

La mejor manera es sumergir el corcho en aceite de parafina. La delgada película que queda por encima del tapón lo impermeabiliza.

CUBIERTOS ANTIGUOS

(cómo recuperarlos)

Los cubiertos antiguos, como los recuerdos del primer amor, son un tesoro para la abuela. Por eso, ella consiente a ambos por igual. Para recuperar los cubiertos antiguos que se hayan oxidado, los frota con una cebolla partida en dos; y cuando la ataca la nostalgia del primer amor, recuerda unas canciones que la devuelven a aquellas épocas, aunque no se lo confiese a nadie.

Cocinas y baños

CUBIERTOS DE MADERA
(cómo cuidarlos)

La abuela siempre ha sabido que dejar los cubiertos de madera en remojo los estropea. Por eso recomienda lavarlos y ponerlos a secar tan pronto se hayan usado.

CUBIERTOS DE PLATA
(cómo guardarlos)

A veces la abuela deja de usar los cubiertos de plata por algún tiempo. Para no encontrarse con la desagradable sorpresa de que están opacos y sin brillo, o inclusive manchados, ella tiene un truquito infalible: en las cajas donde los guarda pone un poquito de almidón en polvo.

CUBIERTOS DE PLATA
(cómo limpiarlos)

Para limpiar los cubiertos de plata o alpaca, la abuela calienta bien dos litros de agua, disuelve en ellos —con ayuda de una cuchara de palo— una cucharada sopera de jabón de la tierra y agrega después una cucharadita de bicarbonato de soda. Con esta mezcla lava los cubiertos, teniendo cuidado de no rayarlos.

CUBITOS DE HIELO MÁS TRANSPARENTES

La abuela ama la transparencia y la claridad en todo, trátese de los sentimientos o de los cubitos de hielo. Para que estos sean claros, ella usa agua previamente hervida, libre de las impurezas que los enturbian.

Cocinas y baños

CUCHILLOS
(cómo desmancharlos)

La abuela odiaba esas manchas que aparecen con frecuencia en el filo de los cuchillos, hasta que aprendió un truco infalible: espolvorearlas con sal común e inmediatamente frotarlas con un tapón de corcho humedecido. Después, aclara los cuchillos con bastante agua y —lo que es muy importante— los seca muy bien.

Otra forma de eliminar las manchas en las hojas de los cuchillos es limpiarlos con un trozo de papa.

CUCHILLOS
(cómo eliminar los olores desagradables)

El limón, que la abuela llama bendito por sus múltiples usos en la casa, es excelente para eliminar rápidamente el olor desagradable de las hojas de los cuchillos. Basta frotarlo en ellas ¡y listo!

DESAGÜES LIMPIOS

En muchas ocasiones, quedan pequeños restos de comida en los desagües, que se pudren con rapidez y causan malos olores. La abuela tiene dos trucos infalibles para evitar este problema: espolvorear un poco de bicarbonato y dejarlo actuar unos minutos, o verter una buena cantidad de jugo de limón en el desagüe. En este caso, debe dejarse el jugo actuar más o menos una hora.

EMBUDO

(cómo fabricar uno)

La abuela —muy a la moda— trata de reciclar la mayor cantidad de cosas. Por ejemplo, para hacer un embudo corta una botella plástica en dos ¡y ya está!

ESCOBAS

Las escobas nuevas barren mejor si antes de utilizarlas se las sumerge durante algunos minutos en agua salada.

Si se han guardado mal las escobas y su ramaje se ha aplastado, la abuela recomienda exponerlas un poco a vapor de agua para que recobren su forma original.

ESPONJAS

(cómo limpiarlas)

Cuando las esponjas han recogido mucha grasa no es necesario botarlas; la abuela opina que el ahorro debe ser política. Para dejarlas como nuevas, métalas en cinco tazas de agua, a la que habrá agregado media taza de jugo de limón. Empape las esponjas y oprímalas con fuerza dentro del líquido, aclárelas con agua tibia y cuélguelas al aire para que sequen.

ESPONJAS DE ACERO MÁS DURABLES

Para alargar la vida de las esponjas de acero, se deben guardar en una cacerola pequeña de barro. La abuela sabe que el barro absorbe la humedad, y esto hace que los hilos de acero tarden más en oxidarse.

FREGADEROS
(cómo eliminar las manchas)

La abuela siempre les ha dicho a sus nietas, cuando ellas le cuentan que no saben cómo librarse de las manchas de los fregaderos, que restregarlas con una mezcla de agua mineral con gas y alcohol no sólo las elimina, sino que también mantiene las llaves limpias.

Las odiosas manchas amarillas, más rebeldes que un adolescente, desaparecen con el siguiente procedimiento: mezcle tres o cuatro cucharadas de bicarbonato de soda, ocho cucharadas de blanqueador y cuatro tazas de agua, refriegue con este líquido el fregadero, deje reposar de diez a doce minutos y enjuague con suficiente agua. ¡Ah! y para la rebeldía de los adolescentes —sugiere la abuela—, amor y mucha paciencia.

FREGADEROS
(cómo mantener las llaves brillantes)

La abuela siempre recuerda a su amiga Elsa Villa, quien se distinguía por

su ingenio y practicidad. Elsa le dio un truco para que las llaves del fregadero estén siempre brilllantes: aplicar pasta de dientes con un trapo, dejar secar y después sacar brillo con un trapito limpio.

FREGADEROS DE ACERO INOXIDABLE RELUCIENTES

Las manchas de cal y agua que aparecen con frecuencia en este tipo de fregaderos pueden quitarse con un lavavajillas de buena marca. Para las manchas difíciles, dice la abuela que no hay nada mejor que el vinagre de manzana: empape con este líquido el fregadero y séquelo bien con un paño limpio.

FREGADEROS DE PORCELANA COMO NUEVOS

Siempre me asombró el blanco inmaculado de los fregaderos de porcelana de la abuela. Su infalible truco para lograr esa blancura es bastante sencillo: se diluye un poco de blanqueador en agua y se pone un papel absorbente en el fondo del fregadero. Acto seguido, se rocía el blanqueador diluido y se lo deja actuar alrededor de seis minutos. Luego se retira el papel, se vacía el fregadero y se aclara con agua tibia.

GUANTES DE PLÁSTICO

En primer lugar, la talla es muy importante, porque si los guantes son grandes se corre el riesgo de que se nos caigan de las manos los objetos. Después de cada uso, hay que enjuagarlos bien y guardarlos en un lugar frío y seco. Es bueno frotarlos por dentro, de vez en cuando, con polvos de talco.

HORNO LIMPIO

Si el horno no está muy sucio, la abuela pone un platico pequeño lleno de amoniaco en la rejilla superior, y un plato hondo con agua, lo más caliente posible, en la rejilla inferior, durante toda la noche (el horno debe estar frío). A la mañana siguiente, limpiarlo será tan fácil como recordar al primer amor.

Si alguna sustancia se derrama en el horno caliente, cúbrala inmediatamente con un montoncito de sal y retírela cuando el horno esté frío.

HUEVO AL SUELO

Un huevo que se cae al piso no debe ser motivo de angustia. Basta cubrirlo completamente con sal; esto le permitirá recogerlo sin dejar huellas y sin tener que perseguir, infructuosamente, clara y yema con un trapo.

JABÓN

(cómo aprovecharlo hasta el final)

La abuela, siempre tan ahorrativa, tiene un magnífico truco para no desperdiciar los trozos de jabón que quedan por ahí: junta una buena cantidad y la funde al baño de maría. Después, agrega a la mezcla un poco de glicerina neutra y la vierte en moldes forrados con papel parafinado. Este jabón es excelente para lavar las prendas delicadas.

LAVAPLATOS AUTOMÁTICOS

(cómo desodorizarlos)

La abuela nunca se ha podido adaptar por completo a estos aparatos: sostiene que lavar a mano los trastos los deja más limpios y que, además, mientras lo hace, recupera los buenos recuerdos. No obstante —eso sí—, sabe mantener el suyo libre de olores. Para ello, vierte una buena cantidad de bicarbonato de soda en el fondo y lo deja actuar toda la noche. A la mañana siguiente lo retira y ¡adiós olores!

LAVAPLATOS AUTOMÁTICOS
(cómo limpiarlos)

Como veníamos diciendo, para la abuela ha sido un poco difícil acostumbrarse a este elec-

trodoméstico, pero ella siempre ha dicho que una de las pruebas de la inteligencia —¡porque ahora existen tantas!— es la capacidad de adaptación. En un afán por amistarse con el lavaplatos y probarse a sí misma su inteligencia, se las ingenió para limpiar esas películas sucias que crecen en la parte interior del aparato: llena una taza con blanqueador, la pone en el estante de abajo y enciende la máquina en el ciclo de «lavar». Después retira la taza, pone otra con vinagre y deja correr todo el ciclo del lavaplatos.

LAVAVAJILLAS CASEROS

La abuela, que cuida su bolsillo y el medio ambiente, se ha ideado un lavavajillas casero que prepara con dos tercios de taza de agua y dos tercios de taza de vinagre.

Cuando sale de vacaciones al mar, ella —con su ingenio característico— usa la arena para lavar los trastes; esta elimina con una facilidad asombrosa la grasa. Pone la arena sobre los platos y entre las ollas y frota con la mano, repitiendo la operación si fuera necesario. Cuando sale con sus nietos a la playa y les ayuda a construir castillos de arena, la abuela no pierde el tiempo: lleva los cubiertos y los entierra en la arena. Ya en casa, los aclara con suficiente agua y se embelesa con su brillo.

MANTELES DE HULE

(cómo limpiarlos)

Las amigas de la abuela siempre le han agradecido el truquito que les enseñó para limpiar estos manteles: frotarlos con una solución de leche y agua tibia los deja resplandecientes.

MESONES Y ESTUFAS LIMPIOS

Para evitar que queden manchas en los mesones, la estufa o el horno, hay que actuar con rapidez: tan pronto se riegue un líquido, cúbralo con un poco de sal.

MICROONDAS IMPECABLE

La abuela ha leído muchos artículos con opiniones encontradas sobre este electrodoméstico y sus efectos. Mientras algunos sostienen que se ha convertido en el mejor aliado del ama de casa que tiene poco tiempo, otros argumentan que es pésimo para la salud, en especial para la de quienes usan marcapasos. En todo caso, la abuela —que, como ya sabemos, quiere caminar al paso del siglo y sus inventos— se las ha ingeniado para solucionar la situación que se presenta cuando se derrama algún líquido en el microondas: lo cubre con toallas de papel y pone el horno en «alto» durante diez segundos. Después, con las mismas toallas limpia los restos.

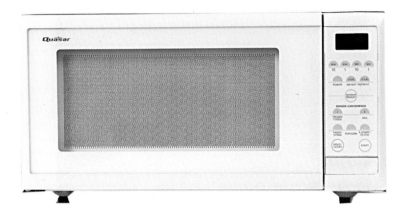

MOLDES DE TORTA LIMPIOS

Si el ponqué se ha quemado y los restos son difíciles de desprender, no hay que ser fatalista, dice la abuela, y creer que se ha perdido el molde. Para recuperarlo, úntelo con manteca, métalo al horno caliente hasta que esta se derrita y retírelo. Cuando este frío, remueva los restos quemados con una espátula de plástico y lave con abundante agua jabonosa.

MOLINOS DE CARNE LIMPIOS

Un truquito infalible para retirar las partículas de carne que quedan en la máquina de moler es pasar por ella un trozo de pan tostado y después aclarar con agua.

NEVERA
(cómo desodorizarla)

La abuela dice en estos días que no sólo los amores intensos dejan huellas, también el ajo y algunos alimentos de sabor y aroma fuerte las dejan en las neveras, y son tan fuertes que la limpieza habitual no logra erradicarlas. Dos comprobadas soluciones son poner un plato con leche hirviendo dentro de la nevera y limpiarla con vinagre blanco.

NEVERA
(cómo envolver los alimentos para guardarlos en ella)

Es muy desagradable sacar de la nevera algún alimento y notar que este se ha pegado al papel en que está envuelto. El consejo de la abuela para evitarlo es poner en el congelador durante unos minutos el trozo de papel plástico con el que se va a envolver el alimento. Así, al sacarlo se despegará con facilidad.

NEVERA
(cómo limpiarla)

La abuela nunca ha descuidado —como lamentablemente lo hacen muchas amas de casa— la parte de debajo y detrás de la nevera. Con el ingenio que la caracteriza, ella agarra con unas bandas de caucho una media de lana vieja a un palo largo y limpia debajo y detrás de la nevera para eliminar el mugre, que puede incluso interferir con el correcto funcionamiento del aparato. Esto también evita peligrosos cortos de electricidad.

La abuela recomienda no limpiar la nevera con blanqueador, ya que este puede causar ranuras en las partes delicadas.

Después de descongelar la nevera y el congelador, se los debe lavar con agua jabonosa, a la que se habrá agregado una cucharada de bicarbonato de soda. Luego se pasa un trapo empapado en vinagre y se dejan las puertas abiertas, hasta que el interior se haya secado por completo.

OLLAS
(cómo desmancharlas)

Para eliminar las manchas, llene la olla con agua, agregue la cáscara de una piña y deje hervir durante media hora. Quedará tan limpia como el día que la estrenó.

OLLAS
(cómo eliminar los residuos quemados)

La abuela siempre ha sido olvidadiza —¡tiene tantas cosas en qué pensar!— y más de una vez se le han quemado los alimentos. Aunque parezca difícil solucionar este problema, no lo es. La abuela cubre por completo el fondo de la olla con bicarbonato de soda y agrega un poco de agua. Deja reposar durante unas tres horas y después retira los restos quemados con una espátula de plástico.

OLLAS ANTIADHERENTES
(cómo limpiarlas)

El agua y el jabón suelen ser suficientes. Sin embargo, cuando la abuela se encuentra algún alimento pegado —lo cual parece una contradicción tratándose de estas ollas, pero ocurre—, hierve poca agua con vinagre y bicarbonato de soda hasta formar una pasta, con la que refriega la olla. Después espera veinte minutos y aclara con suficiente agua.

OLLAS DE ACERO INOXIDABLE
(cómo cuidarlas)

Para recuperar el brillo de las ollas y cacerolas de acero inoxidable, se las frota con harina de trigo y un trapito suave. A veces el fuego mancha este tipo de ollas, que no sólo son muy útiles sino costosas. La abuela ya encontró la solución: las lava con abundante jugo de limón y después las frota con un trapito suave.

OLLAS DE ALUMINIO
(cómo lavarlas)

Un método muy práctico que le enseñó una amiga a la abuela es llenar las ollas con agua, agregar dos cucharadas de bicarbonato de soda y hervir a fuego lento unos minutos. Después, lavarlas de la manera acostumbrada. La abuela ha descubierto que se puede realizar esta operación, con idénticos resultados, usando crémor tártaro en vez de bicarbonato.

Para eliminar el aspecto grisáceo que les da el tiempo a las ollas de aluminio, la solución de la ingeniosa abuela es hervir en ellas cáscaras de manzana o espinacas y después pasarles un trapo por el interior, frotando con suavidad.

Para unas ollas tan brillantes que despierten envidia, basta frotar el exterior con una mezcla de partes iguales de jabón en polvo y ceniza de cigarrillo. En ese caso, la abuela olvida su desagrado por los fumadores. Por eso, cuando se va a ocupar de tales menesteres, sus amigos se ponen felices, porque pueden fumar en casa de ella sin restricciones, algo muy extraño en estos tiempos.

OLLAS DE BARRO
(cómo lavarlas)

Las ollas de barro adquieren un olor mohoso si se las deja de usar durante mucho tiempo. Después de que la abuela pasó una vergüenza terrible un domingo que sirvió ajiaco con sabor a moho, descubrió un truco para acabar con el problema: lavar los tiestos de barro con vinagre lo más caliente posible.

OLLAS DE COBRE
(cómo brillarlas)

Los atomizadores no sirven sólo para el pelo. La abuela descubrió que para limpiar las ollas de cobre, nada mejor que llenar uno con dos tazas de vinagre y tres y media cucharadas de sal y rociarlas. Se deja reposando el líquido un tiempo y después se seca con una bayetilla. Quedarán tan brillantes como un corazón enamorado. La pasta de dientes también le saca todo el brillo al cobre.

Cocinas y baños

OLLAS ESMALTADAS
(cómo limpiarlas)

Las ollas esmaltadas quedan limpísimas si se lavan con una mezcla de bicarbonato de soda y jabón líquido. Si se ponen negras por dentro, hierva en ellas unas hojas de ruibarbo: ¡quedarán relucientes!

OLLAS NUEVAS
(cómo evitar que alteren el sabor de los alimentos)

Para evitar que las ollas nuevas modifiquen el sabor de los platos y acaben con su buena fama de cocinera, la abuela hierve en cada una de ellas un litro de leche y seis papas durante unos treinta minutos. Después, cuando cocina sus manjares, mantiene su reputación intacta.

OLORES DE COMIDA
(cómo eliminarlos)

A veces, cuando la abuela cocina algún manjar, su olor se cuela hasta las habitaciones. Para evitar esta desagradable situación, ella toma un cubito de azúcar, lo humedece en alcohol, le prende fuego, lo agarra con unas tenacitas y lo lleva en una ronda por las habitaciones donde se sienta el olor.

PLANCHA
(cómo limpiarla)

Para que la parte infe-
rior de la plancha esté
reluciente, la abuela la
frota con suavidad con una
esponjilla empapada en una mezcla de sal y
vinagre.

RALLADORES LIMPIOS

Aunque parezca mentira, limpiar un rallador es una tarea dis-
pendiosa. La abuela, que siempre encuentra el lado fácil de las
cosas, le unta un poco de aceite y
después lo cepilla con suavidad.
Todas las partículas desaparecerán por arte de magia.

RECIPIENTES PLÁSTICOS
(cómo desodorizarlos)

Para eliminar los malos olores de los recipientes plásticos, la abuela tiene un aromático y delicioso secreto: les pasa una esponja
empapada en vainilla, espera una hora y los

lava normalmente. Otro truco es llenar los recipientes con pedazos de papel periódico arrugado, taparlos muy bien y dejarlos así toda la noche. Al otro día, los olores habrán desaparecido como por encanto.

RODILLOS DE MADERA SIN MASA

Después de trabajar la pasta de un pastel o de una pizza, es difícil remover del rodillo los restos de masa por completo. La solución es espolvorearlo con sal, frotarlo bien con la mano y después lavarlo con suficiente agua y jabón.

Cocinas y baños

SARTENES ANTIADHERENTES

(cómo cuidarlos)

La abuela sabe que estos sartenes son tan delicados como sus amigos poetas; por eso cuida a unos y otros por igual. Para lavar los sartenes evita los productos abrasivos y las esponjillas, que podrían rayarlos, y emplea esponjas suaves y el lavavajillas de su preferencia. Si tienen mucha grasa o aceite, la retira antes con un trozo de papel absorbente. ¡Ah! Y nunca se olvida de secar sus sartenes antiadherentes antes de guardarlos, ni de alabar las poesías de sus amigos —con honestidad, claro está.

SARTENES ANTIADHERENTES

(cómo desodorizarlos)

Si su sartén antiadherente tiene un olor fuerte, hay que acudir al limón. Vierta una tacita 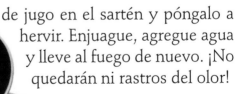 de jugo en el sartén y póngalo a hervir. Enjuague, agregue agua y lleve al fuego de nuevo. ¡No quedarán ni rastros del olor!

SARTENES DE TEFLÓN
(cómo desmancharlos)

Este truquito es infalible: caliente una taza de agua con dos cucharadas de levadura en polvo y deje hervir a fuego lento veinte minutos. Acto seguido, limpie y seque el sartén, y por último lubríquelo con una toalla de papel mojada en un poco de aceite de cocina.

TABLAS PARA CORTAR
(cómo cuidarlas)

Es muy importante saber que ellas son un excelente caldo de cultivo para los gérmenes. Por eso, es necesario desinfectarlas a menudo con una solución de agua y blanqueador y después secarlas divinamente. Para mantener en buen estado las tablas de madera, únteles de vez en cuando una fina capa de aceite.

Cocinas y baños

TÉ
(manchas en las tazas)

El tanino, elemento básico de esta bebida, deja un poso oscuro en el fondo de las tazas. La solución es pasarles con mucha suavidad un poco de sal humedecida. Sin embargo, este truco no es aconsejable para las tazas de porcelana muy finas, porque pueden rayarse.

TERMOS
(cómo cuidarlos)

Algunas veces el vaso interior de los termos se raja al echarle agua o algún líquido muy caliente. Para evitar esta situación, la abuela aconseja poner el termo, invertido, sobre una olla con agua hirviendo, para que el vapor lo caliente. Los termos no se deben sumergir en agua caliente para lavarlos porque esta puede penetrar en el espacio entre el vidrio y el aislante y dejarlos inutilizables.

TERMOS
(cómo desmancharlos)

Para eliminar las manchas pardas que suelen formarse en el interior de los termos, ponga dentro de ellos dos cucharaditas de levadura en polvo y cúbralas con agua caliente. Deje actuar esta solución tres horas y enjuague con abundante agua caliente.

TERMOS
(cómo desodorizarlos)

Para eliminar los olores de un termo, basta llenarlo con agua caliente, a la que habrá agregado una cucharadita de bicarbonato de soda. Guarde los termos destapados para evitar los malos olores.

TETERAS
(cómo lavarlas)

La abuela adora los rituales. Tomar el té en familia, a las cinco en punto de la tarde, es para ella un motivo de alegría. La delicia de su té tiene fama entre la familia y los amigos, y el secreto está en el cuidado que da a las teteras. Jamás las lava con detergentes; sólo las aclara con agua limpia, para así conservar el sabor y el aroma de la bebida. A las personas que toman té de vez en cuando, ella les recomienda poner un terrón de azúcar dentro de la tetera, lo que evitará que esta coja mal olor.

TIJERAS DE COCINA

(cómo afilarlas)

La abuela lamenta que ya casi en ninguna casa haya piedra de afilar. Para sacarles filo a sus tijeras, corte con ellas un trozo de papel de lija. Puede repetir esta operación cuantas veces sea necesario.

TUBERÍAS DEL FREGADERO

(cómo evitar que se atasquen)

Un truco infalible, que se remonta a los tiempos de la abuela de la abuela, es verter cada semana una cucharada de bicarbonato de soda en la tubería para mantenerla limpísima y ahorrarse las costosas visitas del plomero.

UTENSILIOS RELUCIENTES

El agua en que se cocinan las papas no debe tirarse. Guárdela en una botella y úsela como quitamanchas. Es ideal para limpiar la batería de la cocina.

VAJILLAS DE LOZA
(cómo prolongar su duración)

Para evitar que las piezas de una vajilla nueva se agrieten, sumérjalas en agua, ponga esta a hervir y deje que se enfríe.

VELAS GRUESAS

Si la vela es más gruesa que el candelero, mé-
tala unos segundos en agua caliente y pónga-
la de inmediato en el candelero. El secreto en
este caso es actuar con rapidez.

VELAS MÁS DURABLES

Para que las velas duren más, la abuela las
introduce un rato en el congelador, teniendo
cuidado de no dejarlas por mucho tiempo,
pues se congelarían.

VENTANAS DE ALUMINIO SIN GRASA

Las ventanas de aluminio de la cocina se manchan con más facilidad que las del resto de la casa. Para limpiarlas y mantenerlas siempre brillantes, lávelas con agua jabonosa, a la que habrá añadido un chorrito de amoniaco. Después séquelas con un paño suave, para que queden bien brillantes.

WAFFLERA LIMPIA

Con el tiempo se amontonan residuos en la wafflera. Para librarse de ellos, empape toallas de papel en una mezcla de agua y amoniaco, y déjelas entre el aparato toda la noche. Al otro día, lávela divinamente con agua y jabón.

Cocinas y baños

Trucos

para el baño

AZULEJOS
(cómo desmancharlos)

La abuela prepara una solución maravillosa que sirve para los azulejos, los lavamanos y los sanitarios: media taza de amoniaco, media taza de vinagre blanco, un cuarto de taza de polvo de hornear y un galón de agua tibia. ¡Los resultados son maravillosos!

AZULEJOS
(cómo eliminar las manchas de moho)

El moho en las junturas de los azulejos es casi inevitable, pues en los baños abunda la humedad. Por eso, la abuela aconseja mantenerlos bien ventilados.

El calor húmedo hace que se formen hongos, con lo que las uniones de los baldosines adquieren un desagradable color negro. Para eliminarlo, basta pasar una bayeta humedecida en agua con unas gotas de blanqueador o en una mezcla de amoniaco y vinagre.

Otro procedimiento muy efectivo para hacer desaparecer las huellas de moho en las junturas es adicionar una taza de agua tibia a dos tazas de polvo para hornear y revolver muy bien hasta formar una pasta homogénea. El resto del trabajo debe hacerse con un cepillo de dientes viejo, de cerdas duras: páselo con energía por las junturas.

Para que estas manchas no vuelvan a aparecer, la abuela pasa por las uniones, con alguna frecuencia, un algodón empapado en agua oxigenada y deja que se seque.

AZULEJOS

(cómo limpiarlos)

Los azulejos suelen mancharse con el agua y el jabón. Aunque la abuela los lava a diario con una esponja empapada en agua jabonosa, una limpieza profunda cada mes no sobra. Para ello, prepara una mezcla de agua, jabón y amoniaco. Este último se puede reemplazar por vinagre. Después de lavarlos, los seca bien.

BAÑERA

(cómo eliminar las manchas de cal)

La abuela tiene varios trucos:

- Limpiar la bañera con una mezcla de vinagre y alcohol caliente.
- Frotarla con un trapo empapado en aguarrás.
- Usar jabón negro —o jabón de la tierra— mezclado con un poco de blanqueador.

BAÑERA RELUCIENTE

La abuela adora los baños de tina, pues le permiten dedicarse a la reflexión y a los recuerdos. La bañera debe estar impecablemente limpia. Para ello, utiliza una mezcla de trementina y sal o trementina y alcohol. Si la bañera es de porcelana o de esmalte prefiere limpiarla con un producto no abrasivo para evitar que se dañe. También se puede usar vinagre puro. ¡Quedará impecable!

BARRAS DE METAL PARA CORTINAS
(cómo evitar que se oxiden)

Las barras de las cortinas son propensas a oxidarse. La solución de la abuela es muy sencilla: las frota con la cera que usa para abrillantar el suelo. Esto no sólo las protege de la oxidación, sino que hace que los anillos de las cortinas se deslicen libremente.

CEPILLOS DEL PELO

Cada cierto tiempo se deben limpiar los cepillos, para evitar que se acumule en ellos la grasa natural del pelo. La abuela primero retira todos los cabellos de los cepillos con una peinilla de dientes bien gruesos.

Después, deja los cepillos en remojo por unas horas en una mezcla de jabón y amoniaco y, por último, los enjuaga muy bien, los frota con otro cepillo y los deja secar al aire.

CORTINAS DE LA DUCHA
(cómo cuidarlas)

Es común que las cortinas de baño se enmohezcan por el contacto con las salpicaduras de jabón y champú. Pasarles una bayeta limpia con agua y un poquito de blanqueador es una magnífica solución. También es bueno lavarlas en la lavadora, junto con una toalla, usando agua fría y detergente líquido.

Otro truco de la abuela es aplicarles una capa fina de cera con un trapo bien seco; esto evita que se ensucien con el agua y el jabón.

DUCHA
(cómo descalcificar el cabezal)

La abuela conoce varias formas de descalcificar el cabezal de la ducha:

- Desatornillar el cabezal y hervirlo en tres cuartos de taza de vinagre y dos tazas de agua.

- Si es de plástico, sumergirlo toda la noche en la misma mezcla y lavarlo con abundante agua clara al otro día.

- Cepillarlo con un cepillo de dientes viejo impregnado en amoniaco.

Cocinas y baños

DUCHA

(cómo limpiarla)

Para todo hay que encontrar el momento ideal, dice la abuela, y el mejor momento para limpiar la ducha o la tina es inmediatamente después de bañarse: el vapor es un gran aliado de la limpieza.

DUCHA

(cómo retirar el cabezal)

Cuando la abuela no puede remover el cabezal de la ducha, pone una banda de caucho alrededor del tubo, llena una bolsa de plástico hasta la mitad con vinagre y la adhiere al tubo con la banda de caucho. Espera, con la paciencia que la caracteriza, media hora, al cabo de la cual puede retirar el cabezal sin ningún problema.

ESPEJOS BRILLANTES

Con el tiempo, los espejos pierden su brillo. Para que recuperen su antigua hermosura, la abuela mezcla un litro de agua, cuatro cucharadas de alcohol y tres de amoniaco y aplica esta solución suavemente con toallas de papel absorbente. Después seca el espejo con una bayetilla o con un trapo delicado.

Otro truco sencillo y efectivo, como todos los que la abuela ha descubierto, es pasar un trapo suave mojado en una mezcla de tres cucharadas de vinagre y una taza de agua y secar muy bien el espejo con una bayetilla.

ESPEJOS

(cómo limpiarlos)

Empape un trapo suave con queroseno o con alcohol y páselo por toda la superficie del espejo. ¡Quedará reluciente!

ESPEJOS

(cómo retirar la laca)

Por alguna razón desconocida, cuando la abuela se peina y se aplica laca o fijador, parte del líquido acaba sobre el espejo. Para retirarlo, ella utiliza un pedazo de papel periódico arrugado, que frota sobre la superficie.

ESPEJOS SIN VAHO

Para evitar que se empañen los espejos, límpielos con un trapito que no suelte pelusa y unas gotas de champú y déjelos secar libremente. Otro truco es pasarles un trapo suave con unas gotas de glicerina; tendrá el mismo efecto que el champú: los espejos brillarán por su hermosura.

Para quitarles el vaho, puede pasarles el secador de pelo a temperatura media, o poner un poquito de crema de afeitar en una bayetilla y frotarlos con ella.

ESPONJAS NATURALES
(cómo conservarlas)

Las esponjas naturales, uno de los tesoros que salen del mar, son cada vez más difíciles de conseguir, por eso la abuela las cuida tanto. Para conservarlas limpias y en buen estado, ella las deja en remojo, en abundante agua con unas gotas de limón. Para que el truco surta efecto, después las pone a secar al aire libre. La abuela también es amiga de que las cosas vuelvan a su medio natural, aunque sea por un tiempo; por eso, de vez en cuando remoja las esponjas naturales en agua salada.

ESPONJAS Y TRAPOS

La abuela es limpia —exageradamente, en opinión de sus nietos—. Pero es que en lo referente al baño, dice ella, no hay que tener consideraciones. Por eso, para limpiar el espejo, el soporte, el vaso del dentífrico y el lavamanos, usa esponjas y toallitas distintas a las que se emplean para limpiar el sanitario, la bañera y la ducha. Esto evita que las bacterias viajen de un lado al otro.

GOTAS DE AGUA EN LAS PUERTAS
(cómo eliminarlas)

La abuela asegura que no hay nada mejor que el alcohol para eliminar las huellas de las gotas de agua que quedan en las puertas del baño y en los accesorios de acero inoxidable.

GRIFERÍAS LIMPIAS

Para evitar que se forme cal alrededor de los grifos, se limpian con vinagre de manzana caliente. Después de esta operación, se les pasa un paño que no suelte pelusa, al que se le ha puesto un poco de glicerina.

HUELLAS DE ÓXIDO
(cómo eliminarlas)

Las huellas que dejan los objetos de metal, como las máquinas de afeitar y los empaques de lata, pueden eliminarse con una mezcla de bórax y jugo de limón. Aplíquela sobre las manchas, espere unos minutos y retire con abundante agua clara.

MANCHAS DE CAL EN LA GRIFERÍA

La abuela aplica vaselina con un trapito sobre las manchas y después saca brillo. Esto reduce o desaparece las manchas. En caso de que la grifería sea de acero inoxidable —y por

lo tanto, muy propensa a rayarse—, le pasa una esponja suave con bicarbonato de soda y después retira con un trapo suave.

SANITARIOS
(cómo desodorizarlos)

La abuela tiene dos métodos infalibles para librarse de los malos olores que expelen los sanitarios: el primero consiste en poner un platico con vinagre encima del tanque; el segundo, en prender un fósforo, dejar que se consuma y tirarlo dentro del sanitario.

SANITARIOS
(cómo eliminar las incrustaciones)

La abuela usa esta técnica: hala la cadena para humedecer el sanitario y después aplica una mezcla de bórax y jugo de limón, que deja actuar toda la noche. A la mañana siguiente, limpia bien con una escobilla.

SANITARIOS
(cómo limpiarlos)

La experiencia de la abuela ha ideado varias formas de limpiar los sanitarios. Cada quien puede escoger la que más se acomode a sus necesidades:

- Una vez a la semana, verter en el excusado media taza de blanqueador, dejar durante quince minutos y halar la cadena.

- Verter una taza de vinagre blanco en el sanitario y dejar toda la noche.

- Verter una bebida de cola que haya sobrado o que haya perdido el gas, y dejarla quince minutos.

SANITARIOS COMO NUEVOS

Con el tiempo —dice la abuela—, a los retretes les sucede lo que a muchas cosas y a algunas personas: pierden su color original. Para recuperarlo, basta frotarlos con una mezcla de esencia de trementina y sal. Esta se aplica en la superficie de los sanitarios y se deja actuar quince minutos; luego se retira con agua muy caliente y jabón, y al final se enjuaga con abundante agua. Los sanitarios de color a veces muestran manchas formadas por gotas de agua. Frotarlas con medio limón es la solución de la abuela. Si tienen depósitos de cal, una mezcla de bórax y vinagre blanco hará maravillas.

SANITARIOS
(uso de limpiadores comerciales)

No es conveniente mezclar limpiadores comerciales porque esto puede producir gases tóxicos. Además, la abuela recuerda que el amoniaco nunca debe usarse puro en ninguna operación de limpieza, porque es muy fuerte.

TOALLEROS DE ACERO INOXIDABLE

Cuando no se los seca bien, los toalleros de acero se manchan. Para evitar que esto suceda, hay que lavarlos con una esponja y un trapo bien suave y secarlos por completo.

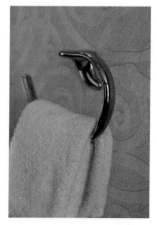

Cocinas y baños

Secretos de la abuela

DORMITORIO, cortinas y alfombras

Un dormitorio

siempre acogedor

ARMARIOS

(ambientador de)

Los productos que se utilizan para librarse de las polillas por lo general tienen un olor desagradable y muy fuerte. Para eliminarlo, la abuela pone en el armario una bolsita con café molido o unas bolsitas de té, que actúan como por encanto.

ARMARIOS CON AROMA A MANZANA

La abuela adora las manzanas y sus múltiples usos para todo, desde la seducción hasta la salud. Un truco que ella conoce desde niña es poner en los rincones de los armarios manzanas muy buenas en pequeños recipientes; de esa forma, cada vez que abre uno siente el delicioso aroma. Eso sí, nunca hay que olvidar cambiarlas cada quince días.

ARMARIOS SIN HUMEDAD

Aunque parezca extraño, la abuela se libra de la humedad en los armarios con trozos de tiza. Basta poner algunos en el fondo; estos absorben la humedad y, como si fuera poco, también se llevan los malos olores.

AROMA DELICIOSO

En época de la Colonia, los españoles per-
fumaban sus habitaciones con varias frutas,
entre ellas guayabas y papayuelas. Las manzanas, de cuyas propiedades ya hablamos,

 proporcionan un aro-
ma delicioso a los cuar-
tos. Basta poner una en
cada esquina del apo-
sento, en un platico, y
cambiarlas cada quin-
ce días. Una piña sobre
la mesa tiene el mismo
efecto.

Otro truco es poner algunas gotas de perfume en la parte superior de los bombillos
apagados. Cuando se prendan y calienten,
desprenderán un delicioso aroma.

EDREDONES CON RICO AROMA

A la abuela le encanta que su cama huela
siempre a gloria. Su secreto: introducir unas
ramitas de espliego entre el edredón.

Dormitorio, cortinas y alfombras

FLORES SECAS

Las manos mágicas de la abuela convierten un hermoso ramo de flores frescas en un bello adorno de flores secas. Para ello, pone el ramo boca abajo en un lugar seco y lo rocía con laca para el cabello. Después de quince días, cuando esté bien seco, completa su obra de arte adornando el ramo con un lazo de cinta y poniéndolo en un florero.

LIMPIEZA
(cómo hacerla)

Para arreglar una habitación como Dios manda se necesita organización. El consejo de la abuela es empezar desde la parte de arriba

del cuarto (o del estante) e ir bajando, y usar siempre —en lo posible— agua fresca y productos naturales.

MARCOS
(cómo brillarlos)

El truco de la abuela para transformar un marco opaco en brillante es limpiarlo con trementina. ¡Quedará espectacular!

MARCOS
(cómo limpiarlos)

La abuela tiene varias formas de limpiar los marcos. Una de ellas es mezclar una clara de huevo con tres cuartos de cucharadita de bicarbonato de soda, empapar una esponja y pasarla por la superficie del marco. Otro truco es batir una clara a punto de nieve, frotarla sobre el marco con un cepillo suave y después brillar con una bayetilla seca.

MARCOS DE MADERA
(cómo limpiarlos)

Un cepillo de bebé es ideal para limpiar los marcos de madera trabajada. El agua y los detergentes son peligrosos; pueden dañar la madera y la pintura.

OLORES MOLESTOS

(cómo eliminarlos)

Aunque parezca increíble, la abuela utiliza leche caliente para eliminar los olores de una habitación recién pintada. También acaba con el olor a guardado en los armarios y los cajones cerrados.

PANTALLAS

(trucos diversos)

Con la ayuda del maestro tiempo y la experiencia, la abuela ha acumulado una serie de secreticos para cuidar las pantallas y mejorar la iluminación de los ambientes:

- Para que la luz de una pantalla sea más fuerte, se forra el interior con papel plateado.

- Para limpiar pantallas, son ideales los cepillos de cerdas blandas y los plumeros.

- Para remover el polvo de las pantallas plisadas, el secador hace maravillas.

- Si la pantalla tiene manchas que no son de grasa, una bolita hecha de miga de pan o un borrador —de los llamados de miga de pan— son ideales.

- Para limpiar una pantalla de pergamino, se le pasa un trapito mojado en detergente líquido —por ejemplo lavavajillas— y se seca de inmediato.

Dormitorio, cortinas y alfombras

PAPEL DE COLGADURA
(cómo desarrugarlo)

Si el papel o la tela con que se han tapizado las paredes forma burbujas, la solución de la abuela es sencillísima: poner la plancha encima de un paño húmedo o seco sobre el sitio en cuestión. Así se diluirá el pegante que está detrás del soporte y el papel o la tela recuperará su apariencia original.

PAPEL DE COLGADURA
(cómo lavarlo)

Si el papel es lavable, se puede limpiar con agua, a la que se habrán añadido algunas gotas de detergente líquido. Si no lo es, la abuela recurre a una goma de borrar o a una bolita de miga de pan.

PAREDES CUBIERTAS CON TELA

Estas paredes deben aspirarse con mucha frecuencia, pues de lo contrario adquieren un aspecto feo. Para eliminar las manchas, la abuela utiliza unas gotas de amoniaco mezcladas con vinagre blanco. Eso sí, antes hace una prueba en un lugar poco visible de la pared para evitar desastres.

Dormitorio, cortinas y alfombras

PERSIANAS
(cómo limpiarlas)

Algunas personas piensan que las persianas son dificilísimas de asear, pero la abuela ha ideado un truco maravilloso: se pone un par de guantes de algodón, los sumerge en agua jabonosa y limpia las persianas por ambos lados, usando sus dedos pulgar e índice.

POLVO
(cómo limpiarlo)

Para hacer esta tarea más sencilla, la abuela añade una gota de glicerina al trapo y el polvo desaparece con asombrosa facilidad.

RIELES DE CORTINA
(cómo hacer que corran bien)

Los rieles de cortina y los recuerdos que se atascan son un dolor de cabeza. Por fortuna, ambos casos tienen solución. Para el primero, se pasa un poco de jabón sólido por la barra, cuidando de que penetre bien por las ranuras; el jabón forma una película que permite que los rieles corran con facilidad. Para el segundo, se busca un hombro comprensivo, sobre el cual se pueda llorar un ratico.

ROPA DE CAMA SIN DOBLECES

A veces la abuela deja la ropa de cama y los camisones doblados mucho tiempo y ¡oh desastre!, los dobleces adquieren un tono amarillo que nada parece poder quitar. Para todo hay solución —dice ella sonriendo—; en este caso, lo mejor es remojar la parte manchada en leche hirviendo, dejar secar al sol y después lavar la prenda como se hace habitualmente, ya sea a mano o a máquina.

SACHETS

A la abuela, una romántica incurable, le encanta que su ropa esté siempre perfumada. Para eso prepara sachets, así: junta pétalos y hojas de rosa, de jazmín y de otras flores de delicioso aroma y los deja secar. Después, introduce puñaditos de ellos en bolsas de tela delgada que pone en los armarios y en los cajones en donde guarda la ropa íntima, sin evitar una sonrisa al reconocer secretamente que es tan coqueta como sus nietas adolescentes.

VIDRIOS

(cómo limpiarlos)

La abuela conoce un sinfín de trucos para mantener los vidrios siempre limpios y relucientes:

- Si no están demasiado sucios, se los puede limpiar con agua clara y papel periódico o una bayetilla. Si se añaden unas gotas de alcohol al agua, mucho mejor.

- Esta es una técnica infalible que la abuela aprendió con la experiencia: después de limpiar las ventanas, las repasa de arriba abajo —en la parte exterior del cristal— y de izquierda a derecha —en su parte interior—. De esta forma, se pueden detectar con facilidad las estrías de suciedad que hayan quedado.

- Si las ventanas están exageradamente sucias, se les aplica una capa de aceite con una brocha, y después de unas horas se las lava normalmente, ojalá con papel periódico arrugado y suficiente agua.

Dormitorio, cortinas y alfombras

Cuidado de

las cortinas y visillos

CAÍDA DE LAS CORTINAS
(cómo mejorarla)

Para mejorar la caída de las cortinas, en particular de aquellas cuyos materiales no son muy pesados —como el chintz, la seda y el algodón—, la abuela les mete en el dobladillo unas bolitas de plomo (se consiguen en las mercerías) o unos plomitos de los que se usan para pescar.

COLOR

(cómo recuperarlo)

El sol y el tiempo son los peores enemigos de los colores de las cortinas. Pero a la abuela no le preocupa esto, porque conoce la solución: lava las cortinas con un jabón que no tenga blanqueador y le agrega al agua del aclarado dos cucharadas de vinagre por cada kilo de tela. Para terminar el proceso, las plancha por el revés cuando están todavía un poco húmedas, o utiliza el truco de secado que aparece más adelante.

CORTINAS
(cómo lavarlas)

Antes que nada, asegúrese de que las cortinas son lavables, consulte las etiquetas que vienen adheridas al borde. Métalas en la lavadora y añada al detergente dos cucharadas de amoniaco, que es un magnífico desengrasante y las dejará como nuevas.

La abuela tiene un truco excelente —como todos los suyos— para evitar que las cortinas se encojan: agrega suavizante en el ciclo de aclarado y no las centrifuga.

CORTINAS
(cómo limpiarlas)

Hay dos trucos que ayudan a distanciar el lavado de las cortinas, que es un trabajo muy dispendioso. Si el tejido lo permite, se les puede pasar con alguna frecuencia la aspiradora, usando un cepillo suave y totalmente limpio. Esto evita que el polvo penetre en el tejido y lo ennegrezca. Otro truco maravilloso para eliminar el polvo de las cortinas es introducirlas en la secadora, utilizando el ciclo sin calor.

CORTINAS
(cómo secarlas)

La abuela utiliza un truco que le enseñó su abuela —que era tan práctica como ella— para evitarse el duro trabajo de planchar los visillos y las cortinas: cuando están todavía húmedos, los cuelga en su sitio. El peso de la tela hace que desaparezcan como por encanto las arrugas.

CORTINAS DE BATISTA Y ORGANDÍ
(cómo lavarlas y plancharlas)

La abuela sabe que debe ser muy cuidadosa con estos materiales, que inevitablemente le recuerdan su infancia en la casa materna.

Siempre los lava a mano porque son muy delicados y la lavadora los podría estropear. Para plancharlos, los pone sobre una toalla y así evita que pierdan su vuelo.

CORTINAS DE LINO
(cómo lavarlas y plancharlas)

Este material recoge mucho polvo y suciedad. Lave las cortinas a mano con agua tibia, y agregue suavizante al detergente para evitar que se arruguen tanto. Este tipo de cortinas no se pueden secar colgándolas; hay que plancharlas, preferiblemente por el derecho para que no pierdan su brillo, y poniendo una cobija debajo.

CORTINAS DE PLÁSTICO
(cómo lavarlas)

Estas cortinas deben limpiarse con frecuencia, usando un buen detergente. La abuela recomienda no dejarlas húmedas o sin ventilación, porque pueden acumular moho. Si de todos modos este aparece, elimínelo con una esponja empapada en una mezcla de partes iguales de agua y blanqueador.

CORTINAS DE TERCIOPELO
(cómo lavarlas y plancharlas)

El terciopelo es un tejido muy delicado —tiene la suavidad de la mejilla de una mujer enamorada, dice la abuela— y debe lavarse a mano. Antes de hacerlo, es necesario eliminar por el revés las manchas. La abuela advierte que no se debe frotar y que es necesario cepillarlo cuando esté todavía húmedo, para que el pelo recupere el cuerpo que ha perdido con la lavada. Hay que plancharlo por el revés, sobre una toalla o una cobija, porque de lo contrario se aplastará.

CORTINAS ESTAMPADAS
(cómo lavarlas)

La abuela recomienda sumergir las cortinas lavables de tela estampada en agua con un chorrito de vinagre blanco, lo que mantendrá vivos los colores.

VISILLOS
(cómo darles rigidez)

Para que los visillos no queden flojos después de lavarlos, la abuela recomienda remojarlos en una solución de una y media cucharadas de azúcar en dos y media tazas de agua.

VISILLOS
(cómo lavarlos y plancharlos)

Casi todos los visillos —menos los de encaje— pueden lavarse en la lavadora, sin utilizar el ciclo de centrifugado. Los visillos de encaje son delicadísimos y sensibles —dice la abuela—, como los poetas. Para no estropearlos, deben lavarse a mano con un detergente para prendas delicadas. No hay que escurrirlos ni retorcerlos, porque pierden la forma. Para secarlos, basta con ponerlos sobre una superficie plana o colgarlos húmedos en su sitio.

Dormitorio, cortinas y alfombras

Si están muy percudidos se añade una cucharada de amoniaco a la cubeta del detergente. Este eliminará la grasa y el exceso de suciedad. Para que recuperen su blanco original, también se los puede remojar en dos y cuarto litros de agua con cuatro limones en rodajas y un puñadito de sal.

Si están muy amarillos, debe tenerse en cuenta el tipo de tejido para buscar la solución. Puede agregarse, por ejemplo, un poco de bicarbonato al último aclarado y así blanquearán con facilidad. A los tejidos naturales se les puede adicionar blanqueador en la cubeta. Si el material es sintético o mezclado, hay que tener mucho cuidado y usar blanqueador para fibras de color.

Si sus visillos de tonalidad crema han perdido color, sumérjalos en una infusión de té, clara u oscura, de acuerdo con la tonalidad original de los mismos.

Si sus visillos blancos se ponen grises, déjelos en remojo durante tres horas en una mezcla de agua fría, sal y detergente. Después, lávelos normalmente. ¡Su blancura resplandecerá!

Mantenimiento
de tapetes y alfombras

ALFOMBRAS EN LAS ESCALERAS

Para prolongar la vida de las alfombras de las escaleras, la abuela las compra un poco más largas de lo necesario y así, de vez en cuando, puede halarlas hacia arriba o hacia abajo, lo que evita que se marquen los bordes de los peldaños.

ALFOMBRAS QUE SUELTAN PELOS

Cuando las alfombras son nuevas, tienden a perder pelo. Para evitar esto, basta cepillarlas y pasarles la aspiradora con energía por toda la superficie. Esto elimina las hebras que no hayan quedado bien fijadas.

ALFOMBRAS Y TAPETES

(cómo limpiarlos sin agua)

Un truco de la abuela para eliminar la suciedad de alfombras y tapetes sin mojarlos es frotarlos con hojas de repollo y cambiarlas a medida que recogen el mugre.

ARRUGAS EN EL TAPETE

Si un tapete anudado llega a arrugarse, hay que actuar con celeridad: póngalo al revés, humedézcalo con agua y alcohol y póngale encima varios libros gruesos, a manera de prensa.

CERA Y TAPETES

La abuela conoce el valor de las cosas, y por eso las cuida tanto. Ella no encera los pisos sobre los que pone tapetes, pues sabe que la cera maltrata los tejidos hasta dañarlos irremediablemente.

COLOR ORIGINAL

(cómo recuperarlo)

La abuela conoce ciertos elementos naturales que ayudan a reavivar los colores en las alfombras; eso sí, hay que usarlos con precaución. Son tres: hojas de té usadas, aserrín de madera y poso de café todavía húmedo. Deje cualquiera de estas sustancias húmeda sobre la alfombra durante unos minutos y después barra con una escoba de paja.

Otra forma de recuperar el color original es pasarle a la alfombra un cepillo humedecido en una mezcla de partes iguales de vinagre blanco y agua. Esto además combate los malos olores.

Dormitorio, cortinas y alfombras

ELECTRICIDAD ESTÁTICA

Las alfombras que tienen fibras sintéticas acumulan electricidad estática, lo que hace que recojan mucho mugre. Para evitar esto, se frota la alfombra con un cepillo que se ha humedecido en una mezcla de suavizante de ropa con un poquito de agua. Otra solución consiste en humedecer el cepillo de la aspiradora con la misma mezcla, antes de limpiar la alfombra.

ESQUINAS LEVANTADAS

Para que las esquinas de los tapetes no se levanten, humedézcalas un poco y póngales encima un peso (puede ser una pila de libros gruesos). Deje el peso toda la noche y después adhiera cada una de las esquinas del tapete a los triángulos rígidos diseñados para eso, que se pueden adquirir en almacenes especializados.

ESTERAS DE PAJA

Para lavarlas se utiliza agua y jabón, procurando no mojarlas demasiado porque se pudrirán sin remedio. Para recuperar el color original, la abuela recomienda pasarles un trapo mojado en agua salada.

FLECOS ENREDADOS

Antes de lavar un tapete, es conveniente desenredar los flecos con una peinilla bien grande, de dientes separados. Para que no se vuelvan a enredar, se remojan en agua con almidón y se peinan; así al secarse quedarán bien tensos.

FLECOS FLOJOS

Para sujetarlos, basta ponerles un puntico de silicona y quedarán de nuevo en su sitio.

HEBRAS QUE SOBRESALEN

Cuando sobresale una hebra en una alfombra, no es bueno estirarla porque podría dañarse el tejido. La abuela recomienda cortarla al nivel de las demás.

Dormitorio, cortinas y alfombras

HUMEDAD

(cómo combatirla)

Para combatir la humedad en las alfombras, hay que atacar la causa: es necesario arreglar las filtraciones. Pueden colocarse unos pliegos de material plástico, que actuarán como aislantes.

INSECTOS (CÓMO ELIMINARLOS)

Hay insectos que encuentran un maravilloso hogar en las alfombras y dejan allí sus larvas, que se alimentan de las fibras. Para solucionar esto, hay que actuar con rapidez: aplique sobre toda la superficie de la alfombra un insecticida de larga duración, cúbrala con un plástico y deje este durante dos días.

LIMPIATAPETES

(fórmulas caseras)

La abuela hace un preparado casero para limpiar alfombras que supera cualquier producto similar que pueda adquirirse en el comercio: un baldado de agua caliente con un cuarto de taza de detergente líquido y tres cuartos de taza de amoniaco. Este producto es maravilloso, pues desengrasa, reaviva los colores y, además, ¡es muy económico!

Otro producto para lavar alfombras que prepara la ingeniosa abuela es la espuma seca. Ella pone en la batidora dos y cuarto cucharadas de jabón líquido para lavar platos y dos y cuarto cucharadas de alcohol, y bate con lentitud, hasta obtener una espuma espesa que aplica sobre las partes sucias con un cepillo de fibras duras, frotando muy bien. Después, la retira con un trapo limpio.

MANCHAS

(cómo eliminarlas)

La abuela ama la cerveza, pero no para tomársela, sino como quitamanchas. Ella pone un poquito de cerveza sobre la mancha, la deja actuar durante diez minutos y después la retira con una esponja empapada en agua.

MANCHAS DE BARRO

Estas manchas deben dejarse secar por completo antes de siquiera intentar quitarlas. Una vez bien secas, se les pasa la aspiradora y después un trapo húmedo.

MANCHAS DE CERA DE VELA

Para deshacerse de estas manchas, que parecen imposibles de erradicar, la abuela tiene sus trucos. Primero, elimina la mayor cantidad de cera posible frotando con la mano, de tal modo que se calienta y forma bolitas fáciles de retirar. Después, pone papel de seda en el sitio y le pasa la plancha caliente; así, la cera restante se derretirá y se adherirá al papel. Si llegan a quedar restos, se libera de ellos pasándoles por encima una esponja con espuma (ver *Limpiatapetes*, pág. 113).

MANCHAS DE JUGOS Y HORTALIZAS

Prepare una solución con partes iguales de alcohol y agua, moje un cepillo y frote con él las manchas.

MANCHAS DE ORINA

Cuando ocurre un «accidente» de esta naturaleza, hay que actuar con celeridad. Primero, ponga toallas de papel absorbente sobre el líquido, para recoger la mayor cantidad posible. Luego, empape la mancha con cerveza o con una mezcla de agua y bicarbonato. Limpie a profundidad con un buen champú para alfombras y, para terminar —y desaparecer los olores—, pase un trapo mojado en una mezcla de partes iguales de vinagre blanco y agua. Esto último también sirve para recuperar el color.

MANCHAS DE PEGAMENTO BLANCO

El truco de la abuela para eliminarlas es frotar enérgicamente el pegamento con un cepillo empapado en alcohol.

MARCAS DE LOS MUEBLES
(cómo eliminarlas)

La abuela elimina las marcas que dejan los muebles en las alfombras pasándoles una plancha con vapor y luego aplicándoles un poco de fijador para el pelo. Finalmente, alisa la zona con la ayuda de un cepillo y un secador de pelo.

MOHO
(cómo eliminarlo)

Si un tapete que ha estado guardado mucho tiempo tiene moho, póngalo al aire libre y sacúdalo con energía. Después, pase la aspiradora por toda la superficie y déjelo extendido durante varios días en un lugar bien ventilado. Limpie muy bien, con detergente, el cepillo de la aspiradora y deseche la bolsa.

OLORES
(cómo eliminarlos)

El bicarbonato, tan usado por la abuela, es excelente para eliminar olores en las alfombras. Basta espolvorearlo sobre la superficie, dejarlo actuar toda la noche y aspirar concienzudamente al día siguiente. Este truco es tan bueno que elimina incluso olores bastante fuertes, como el del tabaco.

PELOS

(cómo eliminarlos)

Si el perro deja pelo en la alfombra, la abuela no se preocupa porque conoce la solución: ella pone en el cepillo de la aspiradora una media de licra vieja y la tensa  hasta que las púas del cepillo la atraviesen. La media crea un campo de electricidad estática que hará que todos los pelos se peguen al cepillo.

Otro truco para eliminar los pelos del perro es humedecer una esponja con una solución de partes iguales de agua y vinagre blanco, y pasarla por la superficie de la alfombra. Además de llevarse todos los pelos, eliminará los olores desagradables.

POLILLAS

(cómo espantarlas)

Más vale prevenir que curar, dice la abuela mientras aplica debajo de los tapetes una capa de petróleo, para evitar que ataquen las polillas. El olor del petróleo se evapora con más facilidad que el de la naftalina, y sus rastros son infalibles.

QUEMADURAS
(cómo repararlas)

Cuando la quemadura es superficial, la abuela no se preocupa; simplemente corta los pelos quemados con unas tijeras o con una cuchilla de afeitar. Si considera que es necesario blanquear la zona, la frota con un trapito que ha humedecido con agua oxigenada.

RESBALONES
(cómo evitarlos)

Los tapetes pueden convertirse en armas peligrosísimas, sobre todo para los niños y las personas de edad. El sentido práctico de la abuela, y su previsión, la llevaron a crear un truquito para evitar que se presenten accidentes de lamentables consecuencias: ella pega los tapetes al suelo con cinta autoadhesiva de doble faz, que se consigue en las ferreterías y en algunas papelerías.

TAPETES

(cómo guardarlos)

Para guardar los tapetes, la abuela sabe hay que usar bastante papel periódico, porque las polillas odian el olor de la tinta y no se acercan a donde este se encuentre. Extienda el tapete completamente plano, cúbralo con periódico y enróllelo. Después, envuélvalo con más papel periódico.

TAPETES

(cómo lavarlos)

La abuela adora los elementos que se ha inventado la época moderna, sobre todo la aspiradora, esencial en la limpieza de alfombras y tapetes. Así pues, cuando se va a limpiar un tapete, el primer paso es darle una buena aspirada, que se lleve todo el polvo acumulado y los cuerpos extraños que puedan rondar por ahí. Después se lava con agua fría y se trata, en lo posible, de expulsar la mayor cantidad de agua. Acto seguido, se usa un truco de la abuela de la abuela: frotar todo el tapete con miga de pan de centeno. Por último, se deja secar al aire y se le da una sacudida final.

TAPETES
(cómo saber si son lavables)

Algunos tapetes artesanales tienen tintes naturales que no fijan bien, y por tanto destiñen cuando se mojan.

Para saber si esto puede pasar, la abuela hace una prueba poniendo un trapo blanco mojado en un lugar poco visible del tapete. Si después de unos minutos quedan marcas, ella sabe que tiene que mandar lavar el tapete en seco para evitar un pequeño desastre.

TAPETES DE ALGODÓN
(cómo lavarlos)

En primer lugar, revise la etiqueta para asegurarse de que el tapete sea lavable. Si no es muy grande, puede lavarlo en la tina con agua fría y un detergente para prendas delicadas. Añadir un poco de vinagre para que conserve su color es un buen truco. Para secarlo, extiéndalo en un lugar plano, lejos del sol.

TAPETES DE FIBRA VEGETAL
(cómo aclararlos)

Una solución de agua oxigenada y agua pura (en proporción de dos cucharadas de agua oxigenada por litro de agua tibia), más un chorrito de detergente, es el último descubrimiento de la abuela para aclarar estos tapetes. Ella los cepilla con la mezcla y posteriormente los pone a secar, lejos del sol.

TAPETES DE FIBRA VEGETAL
(cómo limpiarlos)

La abuela les pasa un trapero humedecido en agua con amoniaco. Es muy importante que el trapero no esté empapado porque dañaría el tapete.

TAPETES DE FIBRA VEGETAL
(cómo recuperar su flexibilidad)

Con el tiempo, los tapetes de fibra vegetal —como nuestros músculos, dice la abuela— se ponen duros y poco flexibles. Su excelente solución es humedecerlos con una mezcla de leche y sal y dejarlos secar encima de una superficie plana. Esto crea, además, una

Dormitorio, cortinas y alfombras

capa impermeable que protegerá los tapetes de las manchas. Y para cuidar los músculos, ella aconseja una caminata diaria y buena alimentación.

TAPETES DE SEDA
(cómo limpiarlos)

La aspiradora es enemiga de los tapetes de seda. Para limpiarlos, la abuela recomienda eliminar primero el polvo con una escoba de paja y después lavarlos con la solución casera que ella ha inventado: un baldado de agua caliente, un cuarto de taza de detergente líquido para prendas delicadas y una taza de vinagre. Para hacer el trabajo, se sumerge un cepillo de cerdas finas en la solución y se frota el tapete con mucho cariño, con suavidad. Después, se pone a secar en un lugar plano y bien ventilado, lejos del sol, pues este puede alterar los colores.

TAPETES DE YUTE
(cómo limpiarlos)

Los tapetes de yute deben aspirarse con frecuencia —dice la abuela— ya que acumulan mucho polvo y este puede deteriorarlos. Se deben frotar con un cepillo suave, empapado en una mezcla de agua y agua oxigenada —si se quiere aclarar el color— o en una mezcla de agua y amoniaco —si se quiere reavivarlo—. Esta solución se prepara con tres y media cucharadas de agua oxigenada o amoniaco por litro de agua. La abuela recomienda, al ponerlos a secar, sujetar bien las esquinas con pesos y tratar de que queden lo más tensados posible.

TAPETES PEQUEÑOS
(cómo limpiarlos)

La abuela agrega, a un baldado de agua caliente, una taza de sal, y cepilla enérgicamente con esta solución el tapete, a contrapelo. Después lo aclara con suficiente agua y lo pone a secar en un lugar bien ventilado, lejos del sol.

Dormitorio, cortinas y alfombras

Secretos
de la abuela

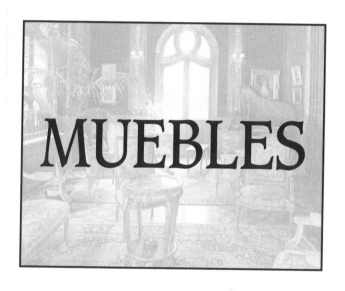

MUEBLES

Madera,

metal, cuero y más

¿BARNIZADO O ENCERADO?

Antes de arreglar un mueble, lo más importante es saber si está encerado o barnizado, ya que la forma de tratarlo es distinta en cada caso. Para averiguarlo, la abuela pasa —por una zona que no sea visible— un trapito empapado en alcohol metílico. Si el trapo queda gris, el mueble está encerado; si queda carmelito, está barnizado.

CAJÓN DE MADERA ATASCADO

Los sentimientos y los cajones a veces se atascan. Para arreglar un cajón atascado, la abuela sigue varios pasos: primero lo saca, algo que en ocasiones requiere paciencia y un poco de esfuerzo. Después, frota los bordes y los rieles con un poco de jabón o con un pedazo de cera. Acto seguido, rebaja la madera con un papel de lija fino, pasándolo por la base del cajón. Una vez realizada esta labor, le aplica cera de nuevo, lo que garantiza que, en el futuro, el cajón se deslizará divinamente. Por último, repasa las guías interiores con una rosqueta (se consiguen en los almacenes especializados) y, si hay restos de madera o de pintura, los remueve con un poco de disolvente.

Un truquito de la abuela: aplicar mayor cantidad de cera en las zonas de la madera que están más brillantes, porque es allí exactamente donde se producen esos incómodos roces que hacen que sea difícil abrir el cajón. Y para los sentimientos atascados, ella recomienda una buena llorada sobre un hombro amigo.

CONCAVIDADES EN LA MADERA

El tiempo deja sus huellas en el corazón y en los muebles, en forma de algunas cicatrices de poca profundidad. Para arreglar estas pequeñas concavidades, la abuela utiliza un trapo húmedo y la plancha bien caliente, siguiendo este proceso: primero humedece muy bien con el trapo la zona hundida y después pone la plancha sobre esta. Como por arte de magia, la madera vuelve a sobresalir, recuperando su forma original. Ella lamenta que no se pueda aplicar el mismo método a las huellas que quedan en el corazón, pero sabe que una buena dosis de amor hace maravillas.

GOTAS DE CERA

Para removerlas, presione sobre ellas con una bolsa de plástico llena de cubos de hielo. Después retírelas con la uña, con mucho cuidado, para no dañar ni el mueble ni la uña, y proceda a encerar el mueble.

HUELLAS DE MOSCAS

Para retirar de los muebles esos horribles y antihigiénicos rastros, la abuela los frota con una mezcla infalible: una parte de vaselina y dos de aguarrás.

LUSTRAMUEBLES CASEROS

La abuela sabe preparar unos maravillosos lustradores de muebles, económicos y de probada eficacia. Uno de ellos se hace con una taza de aceite de linaza hervida, media taza de trementina y media taza de vinagre blanco. Ponga todo dentro de una botella bien tapada y revuelva con energía. Otra receta excelente es combinar tres partes de aceite de oliva y una parte de jugo de limón.

MADERA

(cómo evitar el desgaste)

La solución para evitar que las patas de los muebles se desgasten es tan sencilla y práctica como la abuela: se les pone un pedacito de fieltro debajo.

MADERA BARNIZADA

(cómo cuidar muebles antiguos de)

Un mueble antiguo es un tesoro sentimental y requiere mimos especiales. Para limpiar una antigüedad de madera barnizada, la abuela la frota —con movimientos circulares— con un trapo untado con un poco de vaselina. Ella sabe que no quedará profundamente limpia, pero el brillo del barniz revivirá, al ritmo de los buenos recuerdos... y eso es suficiente.

Si se trata de renovar el mueble, la única solución es barnizarlo otra vez, lo que resulta algo complicado, porque antes hay que retirar todo el barniz viejo con un decapante y lana de acero. Se trata un proceso delicado, así que es mejor que lo haga un especialista.

Muebles

MADERA BARNIZADA

(cómo eliminar las huellas digitales)

Para evitar que las huellas de los dedos en la madera barnizada afeen su aspecto, la abuela utiliza un truco viejo e infalible: un trapito humedecido en petróleo.

MADERA BARNIZADA

(cómo eliminar las manchas)

Por lo general el barniz protege la madera de las manchas; sin embargo, si llega a observar una mancha reciente y pequeña, la abuela la elimina con acetona y después aplica un poco de barniz sobre la zona afectada. Si son viejas, hace lo mismo que con los viejos rencores: se resigna y las ignora; no hay otro remedio.

MADERA BARNIZADA

(cómo limpiarla)

La abuela emplea una mezcla de partes iguales de aguarrás y aceite de oliva o aceite de linaza. Para obtener un excelente resultado, frota la madera muy bien con un trapito empapado en la mezcla.

En caso de que la madera esté muy sucia, la abuela tiene otro truco: la limpia con una mezcla de partes iguales de vinagre blanco caliente y agua. Después, utiliza la fórmula para reparar la madera barnizada que aparece a continuación.

MADERA BARNIZADA
(cómo repararla)

A veces el barniz se agrieta y se reseca. Para devolverle su aspecto original, frótelo con una mezcla de partes iguales de aceite de linaza, alcohol y jugo de limón.

MADERA DECOLORADA

La abuela tiene un truco maravilloso para restaurar el color natural de los muebles cuando los rayos del sol han hecho desastres en ellos. Ella frota la madera con un algodón embebido en aceite, deja secar durante 48 horas y repite la operación. Después aplica cera natural al mueble y frota con una bayetilla. La madera brillará de alegría por los efectos de este tratamiento.

Muebles

MADERA DORADA
(cómo cuidarla)

Para que la madera dorada recupere su brillo original, la abuela le aplica con un pincel una clara de huevo batida a la nieve, a la que se ha agregado un poco de sal fina. ¡La madera quedará hermosa y brillante, como una adolescente enamorada!

MADERA ENCERADA
(cómo limpiarla)

Un estropajo de acero muy, muy fino removerá completamente el polvo y la grasa de un mueble de madera encerada. La abuela ha descubierto que una buena variante es empapar el estropajo con acetona o con un desencerador (estos se consiguen en las tiendas especializadas). Si el mueble es macizo, se lo puede limpiar con un trapo enjabonado.

MADERA ENCERADA
(cómo tratar las manchas)

Algunas cosas son inevitables, dice la abuela, entre ellas el fin de ciertos amores y las manchas en los muebles. A veces hay solución y a veces no. Para quitar las manchas de la madera encerada, frótelas con un trapito impregnado en leche caliente, páseles suavemente un trapo de lana o una bayetilla humedecida con un poquito de aceite, y por último repáselas con un trapo impregnado en cera. Si se trata de manchas dejadas por platos o bandejas calientes, recúbralas con una mezcla de aceite y sal, espere unas dos horas y retire la mezcla con un trapo suave.

MADERA LACADA
(cómo eliminar las huellas digitales)

Para eliminar las huellas de los dedos, la abuela utiliza un trapito humedecido en una mezcla de dos cucharadas de agua y media cucharada de amoniaco.

MADERA VIRGEN

(cómo cuidarla)

Para nutrir la madera virgen, la abuela utiliza aceite de linaza crudo (esto es muy importante, pues si el aceite está cocido oscurecerá la madera). Después, la barniza con esmalte transparente. ¡Queda preciosa!

MANCHAS DE AGUA EN LA MADERA

Las fiestas dejan huellas de alegría en el corazón... y en las mesas, por lo general en forma de manchas de agua bajo los vasos. Una forma fácil y práctica que utiliza la abuela para removerlas es frotarlas con dentífrico de la clase que no viene en gel y después encerar el mueble.

MESA DEL COMEDOR

(cómo protegerla)

Cuando se pone el mantel directamente sobre la mesa, esta se deteriora por los redondeles que imprimen en ella los platos y las bandejas con comida caliente. Para prevenir estos pequeños accidentes, la abuela pone un fieltro o un paño liso debajo del mantel, que ajusta a la mesa con elásticos o cintas.

MOHO EN LOS MUEBLES

A veces los muebles se recubren de moho después de haber permanecido un tiempo en la intemperie o en una habitación cerrada donde hay mucha humedad. Para que recuperen su aspecto original, frótelos enérgicamente con un trapo impregnado en una mezcla de amoniaco y agua. La solución, dice la abuela, no llegará de inmediato; por eso se recomienda repetir la operación hasta que el mueble quede bien limpio.

MUEBLES

(cómo moverlos sin dañar el piso)

Para evitar que el suelo se raye al cambiar los muebles de sitio, la abuela coloca debajo de las patas rodajas gruesas de papa. Así se los puede trasladar con facilidad y sin dejar ninguna marca.

MUEBLES ANTIGUOS

(cómo cuidarlos)

Por ser tan delicados, requieren el cuidado de un restaurador profesional. Sin embargo la abuela, que tanto quiere a sus viejos muebles, sabe algunos trucos para mantenerlos en el mejor estado:

• No se los debe arrastrar nunca; hay que levantarlos con sumo cuidado, teniendo en cuenta que las patas queden muy bien equilibradas, compartiendo el mismo peso, que debe ser el mínimo.

• Si el gorgojo o algún bicho similar ataca estos muebles, la abuela introduce petróleo por los agujeros, pasando sobre ellos una brocha pequeña impregnada. Esto saneará la madera y frenará la expansión de la plaga, que puede acabar con el mueble.

- Para proteger los muebles antiguos, la abuela los frota con aceite de linaza cocido. Hay que tener cuidado porque este aceite puede cambiar el color de la madera; por eso, algunas personas prefieren utilizar cera natural, que cumple la misma función. Eso sí, debe aplicarse con un trapo de color amarillo.

- Los pequeños rayones y zonas blancas se disimulan muy bien con barniz transparente, que se aplica con un fino pincel. También puede lijarse con mucha suavidad el área afectada y aplicar después aceite de linaza. Si los rayones son muy profundos o las zonas blancas están muy extendidas, es mejor que un restaurador profesional se encargue del trabajo.

Muebles

MUEBLES DE AGLOMERADO

(cómo limpiarlos)

Se llama madera de aglomerado a aquella que está constituida por partículas finas de madera prensadas y después recubiertas con un barniz. Para limpiar este tipo de madera, la abuela sólo usa agua tibia con jabón. Ella recomienda aclarar muy bien la superficie para librarla de cualquier rastro de jabón y, por último, brillar con una bayetilla.

MUEBLES DE BAMBÚ

(cómo limpiarlos)

Con el tiempo, los muebles de bambú adquieren un color oscuro que los afea. Para que queden otra vez como nuevos, basta limpiarlos con una mezcla de agua y jugo de limón y dejarlos secar al sol, lo que reforzará el efecto. Si el procedimiento no da un resultado óptimo, ensaye esta alternativa: frote el mueble con un cepillo mojado en una mezcla de agua caliente, jabón líquido y amoniaco.

MUEBLES DE HIERRO

(cómo cuidarlos)

Para evitar que los muebles de hierro que están a la intemperie de oxiden, se cubren con una fina capa de glicerina o de vaselina. Después, se lustran con un paño suave.

MUEBLES DE MADERA

(cómo encerarlos)

Primero que todo —recomienda la abuela— hay que prepararse como para un viaje largo y saber que necesitará paciencia por cantidades. Después, hay que embarcarse en la tarea con alegría y proceder así: antes de encerar el mueble, se le pone una capa de tapaporos, en especial si la madera es áspera; de esta forma, el mueble quedará liso y bien protegido. El tapaporos se aplica con un pincel y después se frota muy bien con un trapo limpio. El segundo paso consiste en aplicar la cera con un trapo de algodón, siempre en el sentido de la veta. La cera natural le dará un brillo espléndido. No basta con la paciencia, también hay que tener energía y pasar el trapo varias veces por el mueble.

MUEBLES LACADOS
(cómo cuidarlos)

La abuela los limpia con un trapito humedecido en petróleo y frota en dirección de la veta. Después, les pasa un trapo de lana y se recrea al ver cómo recuperan el brillo.

PAPEL EN LOS MUEBLES

En ocasiones, pequeños trozos de papel se pegan al mobiliario. Una buena manera de removerlos es verter sobre ellos algunas gotas de aceite de cocina. Después de unos minutos, se los puede retirar muy fácilmente con los dedos.

PELOS EN LOS MUEBLES

Para retirar los pelos, que dan un aspecto tan desagradable, se puede utilizar un guante de caucho, pasándolo por la superficie del mueble. Los pelos forman una bolita que se desecha con facilidad.

RAYONES EN LOS MUEBLES

La abuela hace desaparecer los rayones su-
perficiales pasándoles una crayola o un poco
de betún para los zapatos.

SILLAS DE CUERO

La abuela sabe que el cuero es un material
muy delicado y por esta razón lo cuida con
paciencia y amor, limpiándolo con un trapo
seco y lustrándolo después con esencia de
trementina y cera de abejas. Si el cuero está
agrietado, pasa sobre la superficie de la silla
un trapo con aguarrás. Después, espera a que
seque y extiende una fina capa de glicerina;
cuando esta seca, le saca brillo con un trapo
de lana.

Un truquito maravi-
lloso para eliminar los
rasguños que a veces
se presentan en el cue-
ro es limpiarlo con le-
che desmaquilladora.
Cuando esta haya se-
cado, se brilla con un
trapo de lana.

SILLAS DE LONA

Se limpian con agua y jabón. Hay que secarlas a la sombra, para evitar que se decoloren.

SILLAS DE METAL

A la abuela le encanta sentarse en el jardín a observar las maravillas de la naturaleza, que nunca han dejado de asombrarla. Cuando sus sillas de metal se oxidan, ella las lava con una solución de blanqueador o utiliza gasolina o petróleo para disolver el óxido.

SILLAS DE MIMBRE

Las sillas de mimbre le recuerdan a la abuela las conversaciones después del almuerzo o la comida, cuando la vida no era, como ahora, un frenético ir y venir que no deja espacio para la comunicación. Ella ama esas sillas llenas de recuerdos y las limpia con cariño y nostalgia. Primero, les pasa un trapo seco para remover el polvo que hayan acumulado, y luego utiliza una esponja con una solución de agua y bicarbonato de soda para limpiar profundamente el mimbre. Las pone a secar a la sombra y, por último, las brilla con cera para protegerlas.

La abuela se mece en sus sillas de mimbre; ella sabe que este es un magnífico ejercicio para la columna vertebral. A veces un ruidito desagradable la saca de sus recuerdos. Por

eso, cuando estas sillas rechinan, ataca de inmediato el ruido al frotar con un poco de aceite las uniones. Así se puede concentrar en los recuerdos sin ruidosas interrupciones.

SILLAS DE PLÁSTICO

Las sillas de plástico no se caracterizan exactamente por su belleza, dice la abuela, que ha podido aceptar muchas cosas de la modernidad, pero no este material. Sin embargo, ella reconoce que son resistentes a cualquier tipo de clima y fáciles de lavar con agua y jabón, por lo que resultan muy prácticas. Eso sí, el agua con que se lavan debe estar muy caliente. Hay que frotarlas con una esponja para eliminar la suciedad y secarlas muy bien con un trapo de algodón.

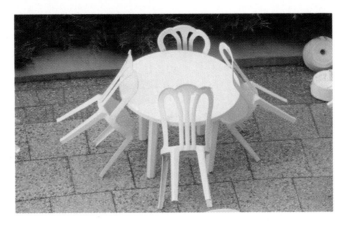

SILLAS DE REJILLAS

Para lavar y limpiar este tipo de sillas, se elimina con la aspiradora o con un trapo seco todo el polvo acumulado, y después se lavan con agua y jabón. La abuela conoce un truquito para reavivar los colores que ha apagado el paso de los años: las frota con un cepillo suave empapado en una mezcla de jugo de limón y agua caliente. El efecto de esta solución es maravilloso, porque además elimina las manchas.

SILLAS DE TERCIOPELO

El truco de la abuela para mantener bien limpias las sillas de terciopelo es cepillarlas con energía. Si el material es sintético, le pasa un trapo con una mezcla de agua caliente y un poquito de amoniaco, que es muy efectiva para eliminar las manchas. Cuando la solución seca, pasa un cepillo por la superficie, para evitar que el terciopelo se apelmace.

SILLAS TAPIZADAS

La abuela limpia con gasolina las sillas tapizadas, teniendo muy en cuenta que este material inflamable debe ser manejado con precaución, y después las deja secar. Siempre realiza esta operación con guantes y en un lugar que reciba aire.

Los pelos que dejan los animales domésticos se pueden eliminar con cinta adhesiva, así: péguela y despéguela por el lado exterior; los pelos se adherirán a ella y no a la ropa de las visitas.

Secretos de la abuela

Objetos de
VALOR

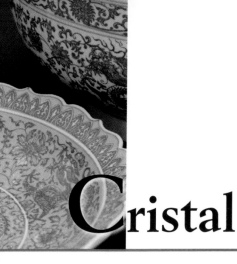

Cristal

y porcelana

ACEITERAS ENGRASADAS

La abuela conoce un truco maravilloso para dejar las aceiteras relucientes: vierte dentro de ellas un chorrito de blanqueador y las llena con agua bien caliente, espera durante tres horas y después les saca brillo, frotándolas en el exterior con un papel periódico humedecido en vinagre.

COLORES DE LA PORCELANA
(cómo resaltarlos)

Para avivar los colores de las piezas de porcelana, basta frotarlas con un poco de vaselina y después retirar con una bayetilla la grasa que quede.

Objetos de valor

COPAS

(cómo lavarlas)

La abuela siempre se encarga de lavar ella misma las copas; lo hace con cariño y cuidado, como siguiendo un ritual. Primero, pone una toalla en el fondo del lavaplatos y después procede a lavarlas con esta mezcla: un chorro de lavavajillas y un chorro de vinagre. Luego, para darles un hermoso brillo, le agrega al agua con que las va a enjuagar un chorro de vinagre. Por último, las pone sobre un trapo de algodón para que escurran y las seca con uno de lino.

CRISTAL

(cómo restablecer el brillo)

Un excelente truco para dar brillo a la cristalería después de lavarla (esto se debe hacer con agua fría o tibia, y nunca en la máquina) es frotarla con sal húmeda. ¡Quedará reluciente!

Otro secreto muy efectivo para sacarles brillo a los vasos y jarras de cristal es llenarlos con agua caliente, agregar unos pedacitos de papa cruda, dejarlos en reposo dos o tres horas y enjuagarlos. ¡Brillarán más que una estrella en una noche sin luna!

JARRAS Y JARRONES

En ocasiones se forman depósitos calcáreos en el fondo de las jarras y los jarrones. Estos son muy difíciles de eliminar —se parecen a las odiosas culpas que se aposentan en el fondo del corazón—, pero la abuela conoce un truco maravilloso para eliminarlos: pone un poco de sal en el interior de las jarras o los jarrones, añade un chorro generoso de vinagre y vierte agua caliente encima. Espera con paciencia unas horas a que la mezcla actúe, agitando de vez en cuando. Por último, enjuaga las piezas con abundante agua y cuando están secas las brilla, frotándolas con un papel periódico humedecido en vinagre.

Un truco mágico para recuperar el brillo perdido de las jarras es introducir dentro de ellas tres cáscaras de huevo, llenarlas con agua y agitarlas con esperanza y energía. Después de aclararlas muy bien, se podrán admirar los resultados.

MANCHAS EN LA PORCELANA

La abuela, que no se queda atrás en nada, conoce un truquito sencillo para eliminar las manchas en la porcelana: frotarlas con un poquito de bicarbonato de sodio o sal de mesa. Si las manchas son de óxido, ella prepara una pasta de bórax y vinagre. Para eliminar los rastros de nicotina, ella los frota con un corcho húmedo untado con sal común. Las manchas desaparecerán como por encanto (no así el desagradable vicio de fumar, que la abuela reprueba).

PEGAMENTO CASERO PARA PORCELANA

La abuela de la abuela le enseñó a hacer un pegamento para las porcelanas que no tiene rival. Se prepara de una forma muy sencilla: se mezcla clara de huevo con un poquito de azúcar, una gota de limón y tres cucharadas de agua caliente.

TAPA DE CRISTAL PEGADA

En ocasiones dejamos de utilizar por largo tiempo una garrafa de cristal y la tapa se queda pegada. Para despegarla sin dañar el recipiente, se vierte sobre el cuello del mismo un chorrito de aceite y se deja actuar durante unos minutos. Después se gira la tapa con lentitud y suavidad, hasta que se suelte. De todas formas, la abuela dice que «es mejor prevenir que curar», y para evitar los accidentes de este tipo ella frota con parafina el cuello de sus garrafas. Esto evitará que las tapas se peguen, aunque pase mucho tiempo.

Libros

BIBLIOTECA
(cómo organizarla)

Quienes tienen muchos libros quieren aprovechar el espacio de su biblioteca al máximo. Sin embargo, esto perjudica a los libros. Sólo los de gran formato pueden colocarse verticalmente sin dejar espacio entre ellos; los demás tipos de libros no deben estar presionados unos contra otros. Y tampoco se deben dejar grandes vacíos entre ellos, ya que esto hará que se inclinen diagonalmente, lo que dañará las pastas y los deformará.

La abuela recomienda que, para retirar un libro de la biblioteca, se lo tome por el cuerpo y no por el lomo.

BORDES SUCIOS

Para limpiar los bordes de los libros, la abuela utiliza un papel de lija o un borrador blando. Mantiene el libro cerrado por completo con una mano y con la otra limpia los bordes suavemente, para así evitar dañar las hojas.

COLOR DORADO
(cómo restaurarlo)

Para restaurar el dorado de los lomos de los libros se toma un trapito que no suelte fibra

—esto es muy importante—, se lo impregna levemente en alcohol y se frotan las hojas con mucho cuidado de no humedecerlas.

CÓMO LIMPIAR LOS LIBROS

Es inevitable que los libros que se guardan en estanterías abiertas recojan mucho polvo. Limpiarlos —dice la abuela— es una labor paciente, pero que vale la pena. Hay que hacerlo con una brocha, uno por uno, retirando el polvo. Después se les pasa un trapito levemente humedecido en alcohol.

ENCUADERNACIONES ANTIGUAS

Para limpiar estas encuadernaciones, la abuela tiene una receta infalible: mezcla una yema de huevo y un cuarto de taza de alcohol de noventa grados. Luego aplica esta solución frotando con cariño la encuadernación. ¡Quedará como nueva!

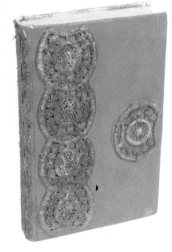

Objetos de valor

ENCUADERNACIONES DE CARTÓN

Un borrador suave, de los llamados de pan, es ideal para limpiar estas encuadernaciones. Hay que pasarlo con suavidad y en una sola dirección.

ENCUADERNACIONES DE CUERO

La abuela siempre ha dicho que cuando le piden un truquito para limpiar estas encuadernaciones se la ponen muy difícil, ya que ellas se agrietan debido a que recogen ácido sulfúrico del ambiente. El consejo es limpiarlas suavemente con agua y jabón, pero primero hay que preguntar a un especialista si el material —cerdo, vaca o ante— resiste el agua. En casos excepcionales, es precisamente el especialista el más indicado para realizar la limpieza.

ENCUADERNACIONES DE PERGAMINO

Para limpiar este tipo de encuadernaciones, la abuela humedece un trapo en leche y lo frota con extrema suavidad sobre ellas. Después espera más o menos una hora y les saca brillo con un pañito de lana.

ENCUADERNACIONES NUEVAS

Estas son las más fáciles de limpiar: se les pasa de vez en cuando una bayetilla impregnada en cera de abejas y después se les saca brillo con un trapito de lana.

ESTANTERÍAS PARA LIBROS

Después de lavar las estanterías, es muy importante dejarlas secar por completo, pues de lo contrario los libros recogerán la humedad y se deteriorarán.

Se pueden fabricar unos bonitos estantes para libros —especiales para cuartos de adolescentes— con ladrillos, forrados o no, y unas tablas pulidas.

ETIQUETA CON EL PRECIO

Para retirar la etiqueta de la carátula de un libro sin dejar huella, se cubre con un trapo y se le pasa encima la plancha a temperatura media. Después, se retira con los dedos, con mucho cuidado.

HUMEDAD

Es uno de los peores enemigos de los libros, ya que el papel la absorbe, con lo que se llena de manchas y las hojas se adelgazan y se pudren. La humedad puede deteriorar el material impreso hasta el punto de borrarlo. Para solucionar esta situación, la abuela aconseja poner en la parte de atrás de los estantes unas bolsitas con un producto llamado *sílica gel*, que absorbe la humedad. Es conveniente revisarlas de tiempo en tiempo y cambiarlas cuando estén húmedas. Hay que recordar que las paredes absorben humedad; por lo tanto, no es bueno recostar los libros sobre ellas. Las bibliotecas o estantes deben estar recubiertos con laca para evitar que absorban la humedad y después esta se pase a los libros.

Cuando, inevitablemente, la humedad ha dañado uno de sus amados libros, la abuela espolvorea polvo de talco en todas las páginas y lo extiende con un algodón. Después cierra el libro, apretando las páginas unas contra otras con la fuerza y la decisión que la caracterizan. Espera veinte minutos y retira el talco, que habrá absorbido la humedad.

INSECTOS

Las huellas de los insectos dan un aspecto desagradable a los libros. La abuela se deshace de ellas frotándolas con un trapito humedecido en alcohol de noventa grados.

Para proteger los libros de las polillas, ella los fumiga con regularidad o pone en la biblioteca unas bolsitas llenas de cáscaras secas de naranja.

LIBROS ANTIGUOS
(cómo guardarlos)

La abuela tiene una colección de libros antiguos, tesoro de otras épocas, testimonio de ideas y sentimientos, cuyas páginas pasa y repasa una y otra vez para que no caigan en el olvido. El maestro tiempo le ha enseñado a cuidarlos y ella recomienda con mucha seriedad que, tratándose de objetos tan valiosos, se sigan sus instrucciones al pie de la letra.

La atmósfera es uno de los elementos más importantes cuando se trata de guardar libros, sean antiguos o no. Debe ser ventilada y seca, ya que estos absorben la humedad fácilmente, lo que hace que les salga moho. Asimismo, hay que mantenerlos alejados de los rayos del sol, ya que el calor no sólo contrae el papel, sino que también lo agrieta. Por ningún motivo deben ponerse al ras del suelo, donde estarán a merced del polvo y la humedad. Es necesario también que tengan un espacio libre por delante y por detrás. Nunca se deben apilar ni abrirlos por completo, porque se descuadernarán. Hay que tener sumo cuidado cuando se los va a sacar de la estantería: es mejor alzarlos que tomarlos por el lomo. Todos estos cuidados valen la pena, dice la abuela, pues ellos son únicos, como el primer amor.

LIBROS MOJADOS

Nadie se escapa de accidentes lamentables: de pronto se derrama un café o un vaso de agua o de licor sobre un libro. Hay que actuar con prontitud y secar hoja por hoja con papel absorbente, pues de lo contrario se pegarán. Es necesario dejar el libro abierto para que las hojas sequen poco a poco y no utilizar el secador de pelo, pues el aire caliente reseca el papel y lo vuelve frágil.

LOMO DESPRENDIDO

Cuando se desprende el lomo de un libro, los pegantes sintéticos no son la solución; al contrario, agravan el problema porque dañan el papel. En este caso, la abuela acepta que no conoce ningún arreglo casero. Es necesario, entonces, recurrir a un restaurador, experto en trabajar con papel.

MANCHAS

Con el tiempo, la abuela ha aprendido a conocer las diferentes clases de manchas que aparecen en los libros, y ha descubierto el tratamiento para cada una:

- *Manchas amarillentas o puntos negros*: cuando se presentan, la abuela recomienda llevar los libros lo más rápido posible a un restaurador de papel, que es la única persona indicada para tratarlas, ya que son muy delicadas.

- *Manchas de grasa*: aplique sobre ellas, con mucho cuidado, una mota de algodón impregnada en alcohol.

- *Manchas secas que no sean de grasa*: frótelas suavemente con papel de lija.

MARCALIBROS

No es conveniente usar marcalibros de oro, plata, cobre o lata, ya que estos materiales contienen ácidos que dejan sus huellas en los libros, en forma de manchas y marcas.

PÁGINA ROTA

La abuela conoce un truquito antiquísimo para pegar las páginas rotas de los libros: el engrudo de arroz. Para prepararlo, ella pone a hervir a fuego lento tres tazas de agua y una taza de arroz blanco, revolviendo constantemente hasta obtener una pasta algo pegajosa, con la consistencia de engrudo. Después de que esta enfría, toma una tira de papel de seda, aplica sobre ella el engrudo de arroz con un pincel y la pega sobre la página rota.

RECUERDOS ENTRE LAS PÁGINAS

Aunque es muy romántico guardar flores entre un libro, esta costumbre se debe evitar, pues tan dulces recuerdos manchan las hojas y, lo que es peor, a veces tienen bichitos que hacen de ellas un banquete. El resultado: un libro con pequeñísimas perforaciones que atraviesan muchas páginas. Uno de estos temidos enemigos es el llamado pez plateado o broca, que se alimenta de los libros desde la cubierta.

La costumbre de guardar entre las páginas los papeles que envuelven dulces y chocolates es otro enemigo de los libros, pues deja una huella de grasa casi imposible de remover. Definitivamente, dice la abuela, el mejor lugar para guardar los recuerdos románticos es el corazón, en donde todos caben sin hacer ningún daño.

SALIVA

La costumbre de pasar las hojas con saliva, además de ser poco agradable, deja en los libros bacterias que se reproducen y dañan el papel. Además —recuerda la abuela— la saliva es muy abrasiva.

Accesorios

ABANICOS

En tiempos de la abuela, los abanicos eran un elemento imprescindible del vestuario... y de la coquetería. Aún hoy

siguen siéndolo en algunos países y para ciertas ocasiones especiales.

Para limpiarlos, basta espolvorearlos con bicarbonato y después pasarles un cepillo de fibras blandas.

BOLÍGRAFOS

Por alguna mágica razón, cada vez que necesitamos escribir algo con urgencia el bolígrafo se niega a cumplir su función, aunque esté nuevo. Esto puede deberse a que la tinta se ha atascado. Para solucionarlo, el truco de la abuela es sumergir la mina en agua caliente —que no esté hirviendo—, lo que aflojará la tinta.

BOLSOS Y MALETINES

La abuela tiene un maravilloso truquito para recuperar los bolsos y maletines que tanto quiere y que por el paso de los años han perdido su brillo: frotar la superficie exterior con una cáscara de naranja, y después lustrarlos con un trapo limpio de lana. ¡Quedarán como nuevos!

BOTONES

Para evitar que se nos pierdan los botones —lo que resulta terrible cuando no tenemos repuestos— es conveniente coserlos bien y reforzarlos con un poco de esmalte transparente en la parte de atrás de la prenda. Esto los fijará.

CALCETINES

Para blanquear los calcetines que se han amarillado, la abuela tiene dos recetas infalibles: limón y agua oxigenada. Basta agregárselos al agua y dejar las piezas en remojo durante unos cuantos minutos.

CENICEROS

Si sus ceniceros metálicos o
de plata han adquirido una
especie de pátina, frótelos con
una mezcla de vinagre y agua
y sáqueles brillo con una bayetilla seca. Los
ceniceros de cerámica, cristal y porcelana se
lavan con agua bien caliente y jabón.

CEPILLOS

Para desengrasar y limpiar los cepillos, la
abuela recomienda sumergirlos en una taza
llena de agua, a la que se ha agregado un chorrito de amoniaco. Se dejan remojando entre
diez y quince minutos y luego se enjuagan
con agua fría. Los cepillos que no se pueden
mojar, como los de cabo de madera, se espol-

vorean con salvado y se dejan reposar durante doce horas, al cabo de las cuales se sacuden
muy bien.

CEPILLOS DE DIENTES

Para extender la vida
útil de los cepillos, la
abuela recomienda no
mojarlos antes de apli-
car la pasta de dien-
tes, pues las cerdas se
debilitan, y secarlos
muy bien después de
cada uso.

CEPILLOS DE UÑAS

Para limpiar los cepillos de las uñas sin que se debiliten sus cerdas, la abuela no emplea jabón, sino una mezcla de vinagre y agua.

CORBATAS

Las corbatas de seda se deben lavar en agua fría para mantener los colores vivos. Después hay que envolverlas en una toalla, presionando para que salga toda el agua. Para plancharlas, lo mejor es ponerles una plantilla de cartón encima; esto concentra el calor y las deja como nuevas.

CORDONES

No es raro que uno de los nietos llegue afanado a casa de la abuela, porque tiene un partido de fútbol y no puede pasarles los cordones deshilachados a los guayos. Ella soluciona la situación con rapidez al poner un poco de esmalte de uñas transparente a la punta de cada cordón. Así estos se deslizarán suavemente y con celeridad por los orificios.

CREMALLERAS

Precisamente cuando estamos de afán y con el tiempo contado, se nos traba la cremallera de la cartera o la maleta. Para solucionar esto, la abuela le pasa una vela o introduce jabón en las ranuras, y después frota con un cepillo fino.

CUERO

La abuela le ha encontrado los más disímiles usos a la clara de huevo. Por ejemplo, para limpiar cualquier tipo de cuero de color claro, ella bate una clara a punto de nieve, la frota sobre la superficie del objeto y luego brilla con un pañito de lana.

FAJAS

Algunas mujeres prefieren ocultar sus gorditos con una faja antes que sacrificarse con dietas. Aunque estas prendas cada vez se usan menos, la abuela tiene sus truquitos para mantenerlas limpias y en buen estado: las lava con agua tibia y un detergente suave, no las retuerce y las pone a secar a la sombra.

FOTOGRAFÍAS

El paso del tiempo deja sus huellas sobre las fotografías, que guardan preciados recuerdos a los que no queremos renunciar. Para limpiarlas se puede utilizar una mota de algodón humedecida en una mezcla de agua y alcohol. La abuela —siempre previsiva— recomienda pasarla primero por una esquina de la fotografía y observar los resultados, pues a veces los químicos cambian de color y causan daños irreparables a estos invaluables recuerdos. Otra manera de luchar contra las señales del paso del tiempo en las fotografías enmarcadas es limpiarlas con frecuencia con alcohol de noventa grados.

GABARDINAS

Si la prenda es lavable, primero se remoja en agua a la que se ha agregado un poco de sal. Después se lava con agua tibia y jabón suave, y se remoja de nuevo en agua tibia, hasta que desaparezca el jabón por completo. Es importante no exprimirla y ponerla a secar a la sombra.

GAFAS

Cuando los lentes se encuentren untados de grasa, la abuela recomienda mojarlos, pasarles con suavidad un poco de jabón de cocina y secarlos con un pañito especial para evitar que se rayen.

Para que los lentes no se empañen, ella tiene un viejo e infalible truquito: pasarles glicerina al limpiarlos. Así se podrán ver con absoluta claridad —dice la abuela— todas las maravillas del mundo.

GUANTES

La abuela conoce varios trucos para el cuidado de los guantes, accesorios que en su época le ponían la nota de elegancia a la indumentaria y que todavía cuentan con adeptos. Lo más importante es considerar el material del que están confeccionados:

- *Guantes de cuero*: con un trapito, fróteles un poco de harina seca.

- *Guantes de cabritilla o piel curtida de cordero*: límpielos con la crema limpiadora que usa para la cara.

- *Guantes de lana*: lávelos en agua tibia con una cucharadita de sal y una pizca de amoniaco, sin dejarlos en remojo.

- *Guantes blancos de piel*: límpielos con leche y un poco de amoniaco.

LANA ANGORA

Para evitar que los sacos y otras prendas de angora dejen todo lleno de motas, métalos en una bolsa plástica y guárdelos en la nevera durante cinco días.

LLAVES

A veces las llaves acumulan óxido y esto no les permite cumplir su función; entonces nos desesperamos porque precisamente ese día la nostalgia nos ha hecho su presa y queremos abrir el cajón de los recuerdos. ¡Ay! Si no fuera por la abuela, que para todo tiene solución... Ella sumerge las llaves en una preparación hecha con una medida de gasolina por dos de aceite, las deja allí un tiempo y después las seca con un paño.

Objetos de valor

MALETAS

En ocasiones, cuando vamos a viajar nos encontramos con la desagradable sorpresa de que las maletas han recogido moho y tienen un olor molesto. Prevenir es curar, dice la abuela. Para que las maletas siempre estén en perfecto estado, es bueno lavarlas con vinagre y agua y dejarlas secar al aire libre. Esto evitará que se les tenga que hacer una limpieza profunda antes de cada viaje, cuando el tiempo parece rendir muy poco y hay tantas cosas que preparar.

MEDALLAS

Las medallas son el recuerdo de algún logro, y por eso muchos las exhiben con orgullo en una pared. Si se las va a tener guardadas, hay que tomar las medidas necesarias para que no se deterioren: envolverlas en papel de seda negro las mantendrá intactas, como el día memorable en que nos las entregaron.

MEDIAS DE LANA

Para que no se encojan ni saquen motas, la abuela las plancha antes de estrenarlas, poniendo sobre ellas un trapo mojado, hasta que seque. Así tendrá medias para rato.

Objetos de valor

MEDIAS VELADAS

La abuela sabe que la compra de medias veladas significa un gasto considerable para cualquier mujer.

Para evitar que se rasguen con mucha rapidez, ella las moja —antes de estrenarlas— con agua a temperatura media, las deja secar sobre una superficie limpia y por último les pasa la plancha apenas tibia. Así durarán mucho más.

MONEDAS

Algunas personas coleccionan monedas con verdadera pasión. La abuela conoce algunos truquitos para mantenerlas relucientes:

- *Monedas de plata*: se dejan en remojo unos cuantos minutos en vinagre de vino blanco. Esto aflojará la suciedad y les dará un brillo esplendoroso.

- *Monedas de cobre*: se lavan con un cepillo de uñas empapado en una solución de agua y amoniaco. Si están oxidadas, se limpian con una pequeña cantidad de aceite de máquina de coser.

Objetos de valor

NAIPES

La abuela remueve esa grasa desagradable que se adhiere a los naipes limpiándolos periódicamente con agua de colonia y secándolos con un trapito limpio. Ella sabe que el delicioso aroma que desprenden después de que los limpia es lo que le concede su famosa suerte en el juego. Y como las cosas buenas vienen en parejas, ella tiene otra solución para limpiarlos: les espolvorea polvos de talco.

Para eliminar las huellas de los dedos, la abuela frota las cartas con un paño impregnado en leche y luego las brilla con un trapo seco. De vez en cuando las desinfecta pasándoles un algodón humedecido en alcohol y las seca con una bayetilla.

PAÑUELOS

Antes de meterlos a la lavadora, la abuela los remoja en agua con sal de diez a quince minutos, para aflojar la mugre.

PAPEL PARA ENVOLVER REGALOS

Hay papeles tan lindos que vale la pena usarlos dos veces (y de paso, dice la abuela, ahorrar). Para reutilizar los papeles de regalo, basta alisarlos por la cara blanca con la plancha tibia. No sólo las arrugas desaparecerán como por encanto, sino que podrán removerse con facilidad los restos de adhesivo.

Objetos de valor

PARAGUAS

La abuela tiene un tru-
quito muy útil para que
los paraguas nos protejan de
los aguaceros durante mucho
tiempo: no ponerlos a se-
car totalmente abiertos
sino abiertos a me-
dias, pues de lo con-
trario al secarse la
tela se volverá frágil y quebradiza.

PATINES

La abuela goza viendo a sus nietos deslizar-
se sobre unos patines bien engrasados y sabe
que la vaselina es ideal
para mantenerlos lu-
bricados y darles ma-
yor durabilidad.

PEINILLAS

Para limpiar las peinillas, se sumergen en una solución de agua caliente con amoniaco, luego se lavan con abundante agua tibia y se secan con una toalla. Las peinillas de concha —una curiosidad que todavía se conserva en algunos hogares— se frotan con un poco de salvado después de haberlas lavado con un cepillo de uñas, agua y jabón.

PERFUME

El perfume es desde tiempos antiquísimos un arma de seducción tanto para el hombre como para la mujer.

Para que perdure el aroma durante todo el día, debe aplicarse detrás de las orejas, en las muñecas, entre los senos y detrás de las rodillas;

así penetrará bien y saldrá a flote lentamente y cuando más se necesita, en el momento de la seducción.

La abuela, que nunca ha abandonado la coquetería, conoce un truquito para que el aroma permanezca durante mucho tiempo en el cuerpo. Ella sabe que el perfume dura más en las pieles grasas; por eso aplica después del baño una crema grasa en los sitios que va a perfumar.

RELOJES

La abuela sabe lo olvidadizos que son sus nietos, que más de una vez se han metido a la piscina con el reloj. Por eso se ha inventado un truquito para salvar los relojes que se empañan tras haber estado en contacto con el agua: basta con darles la vuelta, de manera que el cristal toque la piel; el calor natural que esta emana hará que desaparezca la humedad. Un truquito para recordar: los relojes de pulsera metálica no deben ponerse en una superficie de mármol porque podría dañarse su maquinaria.

ZAPATOS

La abuela sabe que no hay nada más peligroso que una caída, del cuerpo o del alma. Por eso, cuando la suela de algún zapato está resbaladiza, la frota con una papa cruda y así evita las del cuerpo. Algunos desplomes del alma —dice ella— son inevitables, pero enseñan mucho, si sabemos sacarles partido.

Objetos de valor

Ella sabe también que los zapatos duros o que aprietan son muy malos para los pies, que tienen la pesada tarea de sostener el cuerpo durante toda la vida. Para ablandar un zapato, ella esparce en su interior crema para manos, moja un pedazo de papel periódico, lo escurre bien y lo introduce dentro de él. Es importante usar la cantidad suficiente de periódico para que el zapato abra bien y no vuelva a apretar. Por último, lo mete a la nevera durante 24 horas.

Joyas

y piedras preciosas

ÁMBAR, BELLEZA FOSILIZADA

La abuela ama el ámbar, un objeto con historia, ya que se trata de una resina fosilizada de miles de años. Para verificar su autenticidad —porque no faltan las falsificaciones— ella lo frota con energía; si desprende su olor característico, parecido al de la resina de pino, es legítimo. La mejor manera de conservarlo es frotarlo con aceite de oliva —esto aminora su tendencia a ajarse— y pasarle un trozo de papel absorbente para eliminar los restos.

AZABACHE, EL NEGRO EN TODO SU ESPLENDOR

Limpiar el azabache, una piedra semipreciosa de hermoso color negro, es muy sencillo: basta utilizar agua y jabón. Después de secar la joya totalmente, se la puede frotar con un trapito remojado en aceite de oliva, para que el color revele toda su intensidad.

CORAL, AMOR DE SAL

La abuela sostiene que los corales recuerdan su origen —el inmenso mar— si se les deja remojando en agua salada, que es la mejor manera de limpiarlos. Después hay que secarlos completamente. Con el tiempo, el coral puede volverse poroso. Para solucionar esto, se frota con aceite de almendras y después se le saca brillo. Con la prudencia que la caracteriza, la abuela se mete en el mar con sus collares de coral; dice que siente la alegría de ellos vibrando en su piel.

DIAMANTE, UNA LUZ ESPECIAL

El carácter de la abuela se parece a los diamantes: duro, resistente y de una hermosura inigualable. Para limpiarlos, ella usa agua jabonosa primero y después una mezcla de agua y alcohol. Pero lo más recomendable es encargarle esta tarea a un joyero profesional.

HUESO, MATERIA VITAL

El hueso es una materia orgánica que necesita que se le nutra. La abuela sabe que la glicerina y el aceite vegetal son maravillosos para limpiarlo. Después, lo seca y le saca brillo con un trapito que no suelte pelusa. Cuando ella quiere que las piezas de hueso revelen toda su blancura, les pone agua oxigenada y las saca al aire puro, que hace maravillas en estas joyas y en las personas. Después las brilla, mientras canta esa canción que la pone nostálgica.

JADE, UNA PIEDRA ANCESTRAL

El agua caliente y el vinagre son ideales para limpiarlo, y la glicerina le concede un brillo encantador.

MARFIL, EL PRECIADO MARFIL

La abuela, muy a tono con los ecologistas, ama los elefantes, y aunque aprecia la belleza del marfil, prefiere que permanezca donde pertenece. Sin embargo, conoce algunos truquitos para limpiar los objetos de este material. Uno de ellos es dejarlos remojando en leche entera todo el día. Para proteger las joyas, ella aconseja ponerles un poquito de aguarrás. También recomienda guardarlas lejos de la humedad y cuidarlas de la sal, dos de sus enemigos.

NÁCAR, DELICADEZA QUE VIENE DEL MAR

Como todos los elementos que vienen del mar, el nácar ama la sal, que es ideal para limpiarlo. Después se le puede aplicar una capa fina de aceite vegetal, que lo protegerá y le sacará brillo.

ÓPALO, FRÁGIL BELLEZA

Al ópalo —como a las personas— le gusta que lo mimen y lo traten con sumo cuidado. De lo contrario, se quiebra. La abuela sostiene que lo mejor para limpiarlo es el bicarbonato de soda. Después de aplicarlo hay que aclarar con abundante agua. El alcohol y el jabón son perjudiciales para esta piedra, así como los cambios bruscos de temperatura.

ORO, EL ETERNO AMADO

El oro suele acumular grasa, por lo que hay que limpiarlo con frecuencia. Hay diversos métodos para hacerlo, pero la abuela ha descubierto que uno de los mejores es limpiarlo con un paño humedecido en jugo de limón y sal, y después pasarle un trapito con harina.

PERLAS, BLANCOS MILAGROS

Las perlas son coquetas y les gusta que las luzcan; esa es una de las mejores maneras de cuidarlas. De vez en cuando, es conveniente frotarlas con un poco de magnesio en polvo. Remojarlas en agua de mar las hará brillar de felicidad (un buen sustituto es una solución preparada con agua pura y sal marina). Ella recomienda no guardarlas nunca en una caja forrada en terciopelo porque pueden agrietarse; en cambio, se sentirán muy a gusto en una bolsita de gamuza.

PLATA, ESPEJO DE BRILLANTE GRIS

En los tiempos de la abuela, los objetos de plata abundaban en los hogares. Este es uno de los metales que se ensucia con más facilidad. Un truco infalible para limpiar los objetos de plata es dejarlos en remojo durante una hora en un recipiente lleno de alcohol, y después sacarles brillo con un trapito de algodón. Otro secreto: una mezcla de vinagre blanco y agua elimina fácilmente las manchas de los objetos de plata.

Objetos de valor

TURQUESA, AZUL INTENSO

Las turquesas son piedras delicadas y por ningún motivo deben limpiarse con agua y jabón. La sustancia indicada para hacerlo es el bicarbonato de soda. Después, se aclaran con abundante agua.